PATTLOCH ✳

Jürgen Erbacher

PAPST FRANZISKUS

Aufbruch und Neuanfang

Mit Eindrücken deutschsprachiger
Konklave-Kardinäle

Besuchen Sie uns im Internet:
www.pattloch.de

© 2013 Pattloch Verlag GmbH & Co. KG, München
Redaktion: Michael Schönberger
Umschlaggestaltung: ZERO Werbeagentur, München
Umschlagabbildung: dpa / Stefano Spaziani
Satz: Adobe InDesign im Verlag
Druck und Bindung: CPI – Ebner & Spiegel, Ulm
Printed in Germany
ISBN 978-3-629-13047-1

INHALT

Vorwort

Die Überraschung ist perfekt, als der Name des neuen Papstes am 13. März 2013 von der Loggia des Petersdoms verkündet wird: Jorge Mario Bergoglio, Erzbischof von Buenos Aires, ist Papst Franziskus. Ebenso groß ist das Rätselraten über seine Person. Nach dem Amtsverzicht von Benedikt XVI. rangierte er nicht unter den Favoriten. Dafür bedeutet seine Wahl gleich mehrere Premieren: Er ist der erste Papst, der sich nach dem Heiligen aus Assisi benennt, der erste Lateinamerikaner und der erste Jesuit auf dem Stuhl Petri. Von seinen ersten bescheidenen Gesten und Worten an ist klar, dass er dem Papstamt seinen ganz eigenen Stempel aufdrücken wird. Die Zeichen und inhaltlichen Impulse, die er setzt, wecken bei Katholiken, aber auch bei Menschen außerhalb der katholischen Kirche Hoffnungen auf einen Neuanfang.

Hinter dem Vatikan liegen stürmische Jahre: 2009 sorgte die Versöhnungsgeste gegenüber vier Traditionalisten-Bischöfen für Empörung – unter ihnen befand sich ein Holocaustleugner, Richard Williamson. 2010 flammte in Deutschland, dann auch in anderen Ländern, der Missbrauchsskandal auf, der schon seit 2002 die Kirche in den USA gebeutelt hatte. Schließlich offenbarte 2012 die Vatileaks-Affäre schwelende Intrigen, Vetternwirtschaft und Probleme um die Vatikanbank IOR. Die katholische Kirche wirkt wie gelähmt, unfähig zu Reformen, weit weg von den Nöten der Menschen. Doch im Frühjahr 2013 wandelt sich innerhalb weniger Wochen das öffentliche Bild. Mit dem für die Neuzeit beispiellosen Rücktritt Papst Benedikts XVI. und der Wahl Kardinal Jorge Mario Bergoglios scheint es plötzlich so, als atmeten die alten

Mauern den Geist der Erneuerung. Heißt es noch vor dem Konklave, die Kardinäle seien so uneins, dass sie lange brauchen würden, um sich auf einen Nachfolger für Benedikt XVI. zu verständigen, so dauert es am Ende kaum mehr als 24 Stunden, bis sie den Mann finden, der für einen Aufbruch steht, der die Kirche aus der Krise führen soll. Ohne den mutigen Schritt Benedikts XVI. wäre dies nicht möglich gewesen. Seine Verdienste um die katholische Kirche geraten angesichts der Euphorie um seinen Nachfolger leicht in Vergessenheit.

Die Kirche verändert mit Franziskus ihr Gesicht. Es fängt mit Kleinigkeiten an, die jedoch sensibel wahrgenommen werden: Franziskus trägt weiter sein silbernes Bischofskreuz und seine schwarzen Straßenschuhe. Noch bevor er die erste Reform anpackt, wirkt sein schlichtes Auftreten wie die Initialzündung zu einer »Selbstreform«. Bischöfe denken über ihre Dienstwagen nach, die Diözese Buffalo diskutiert darüber, wie groß der Wohnsitz ihres Oberhirten sein darf, der Patriarch von Venedig will Teile der Diözesanverwaltung aus einem prächtigen Palast abziehen. Es wird künftig aber mehr um Inhalte gehen. Die Zeit eines höfischen Papstamts ist vorbei. Der Jesuit, der sich Franziskus nennt, sorgt für einen radikalen Stilwechsel. Die Art, wie er sein Amt ausübt, verleiht ihm bei den Menschen große Glaubwürdigkeit. Es ist die Weise, wie er auch in Buenos Aires sein Hirtenamt gelebt hat: nüchtern, einfach und an der Seite der Menschen. Aufgabe der Kirche ist es aus seiner Sicht, das Evangelium zu verkünden, nicht, sich selbst zu feiern. Seine zentrale Botschaft ist die Barmherzigkeit Gottes.

Wie Papst Franziskus die Kirche sieht, wer dieser Papst »vom anderen Ende der Welt« ist, vor welchen Herausforderungen er sowie die katholische Kirche stehen und warum er 2005 im Konklave gegen Joseph Ratzinger unterlegen, 2013 aber für die Mehrheit der Kardinäle der Richtige ist, um die Kirche in die Zukunft zu führen – darum soll es in diesem Buch gehen. Nach einem Rückblick auf das Konklave 2013 steht die Person Jorge Mario Bergoglio im Mittelpunkt, seine Biografie, die schwierige Zeit der Militärdiktatur und seine Vorstellung von einer offenen, missionarischen Kirche im Dialog mit der Welt, mit anderen Konfessionen und Religionen. Papst Franziskus trifft auf Erwartungen bei den Gläubigen und auf Herausforderungen in Gesellschaft und Politik. Auch diese werden kurz angerissen. Wie der Jesuit Jorge Mario Bergoglio sein Amt versteht, drückt er in der Namenswahl aus: Franz von Assisi steht für Armut, Frieden, Bewahrung der Schöpfung und eine radikale Christusnachfolge. Daher geht es in einem eigenen Kapitel um die spirituellen Wurzeln dieses Papstes. Franziskus prägt einen neuen Amtsstil: Dies wird im letzten Kapitel noch einmal vor dem Hintergrund der Veränderungen in der römischen Kurie und im Umgang mit den Bischöfen dargelegt.

115 Kardinäle sind im März 2013 ins Konklave in die Sixtinische Kapelle im Vatikan eingezogen. Sie haben den Mann zum 265. Nachfolger des Apostels Petrus gewählt, der als Papst Franziskus Menschen rund um den Globus beeindruckt. Was die Wahl anbetrifft, sind die Kardinäle zum Schweigen verpflichtet. Es freut mich, dass sechs der 115 bereit waren, für dieses Buch ihre Gedanken und Erfahrungen aufzuschreiben. Es sind individuelle Eindrücke aus der Zeit der Sedisvakanz und der Wahl sowie von der Person des Papstes selbst. Bei allen unterschiedlichen Perspektiven zeigen sie große Gemeinsamkeiten, was die Wahrnehmung der Wochen nach dem Rücktritt Benedikts XVI. anbetrifft. Es sind sechs persönliche Zeugnisse, für die ich den sechs Kardinälen ganz herzlich danke. Ihre je eigenen Beiträge enthalten selbstverständlich auch thematische Überschneidungen; diese unterstreichen jedoch die breite Einigkeit (zumindest der Kardinäle des deutschen Sprachraums) in der Beurteilung der Lage der Kirche und in ihren Prioritäten für das Profil des künftigen Papstes. Die Beiträge finden sich in der Reihenfolge, die dem protokollarischen Rang der Autoren entspricht.

Das Buch stellt Papst Franziskus vor. Das geschieht auf der

Grundlage unterschiedlichster Quellen. Neben persönlichen Gesprächen mit Weggefährten und Bekannten sind es seine eigenen Worte und Gesten sowie seine früheren Texte, die Auskunft geben über das Denken und die Spiritualität von Jorge Mario Bergoglio. Wertvolle Einsichten bieten auch die beiden Gesprächsbände, die Bergoglio zum einen mit Rabbiner Abraham Skorka (Titel: Sobre el cielo y la tierra), zum anderen mit den Journalisten Sergio Rubin und Francesca Ambrogetti (Originaltitel: El Jesuita; deutscher Titel: Mein Leben, mein Weg) veröffentlicht hat. Daneben gibt es unzählige Predigttexte und Ansprachen der vergangenen Jahre sowie eine umfangreiche Medienberichterstattung aus den ersten Wochen des Pontifikats. Aus diesem Reichtum schöpft das vorliegende Buch. Etwaige Fehler und Ungenauigkeiten gehen zu Lasten des Autors. Das vorliegende Werk ist einerseits eine Momentaufnahme, denn ein neues Amt verändert immer auch eine Person; so wird es auch bei Franziskus sein. Andererseits zeigen bereits die ersten Wochen, dass der Papst aus Argentinien sich in vielen Punkten treu bleibt. Damit bietet das Buch einen Schlüssel, um Person und Amt von Papst Franziskus zu verstehen. Franziskus ist eine vielschichtige Persönlichkeit, die ein spannendes Pontifikat erwarten lässt. Er steht für Aufbruch und Neuanfang.

HABEMUS PAPAM
Der neue Papst ist gewählt

13. März 2013, 17.45 Uhr. Der Petersplatz hat sich gefüllt. Beim Konklave acht Jahre zuvor stieg um diese Zeit der weiße Rauch auf. Damals war Joseph Ratzinger im vierten Wahlgang zum 264. Nachfolger des Apostels Petrus gewählt worden. Auch jetzt sind viele Römer und Schaulustige am späten Nachmittag zum Vatikan gekommen. Zwar war vor dem Einzug ins Konklave immer wieder zu hören gewesen, dass es dieses Mal länger dauern werde und die Kardinäle wohl zwei oder drei Tage brauchen würden, um sich auf einen Kandidaten zu verständigen. Aber man weiß ja nie. Es regnet. Tausende Regenschirme bedecken den Platz. Der Blick geht immer wieder nach oben zu dem kleinen Schornstein auf dem Dach der Sixtinischen Kapelle. Dank des Vatikanischen Fernsehzentrums CTV können die Menschen auf den vier Großbildschirmen auf dem Petersplatz den Kamin ganz nah beobachten. Doch es tut sich nichts. Als gegen kurz nach 18 Uhr immer noch kein Rauch aufsteigt, ist den Menschen klar, dass auch der vierte Wahlgang erfolglos war. Doch sie bleiben, denn spätestens in einer Stunde muss es ein Rauchsignal geben: schwarz oder weiß. Es ist üblich, dass immer nach zwei Wahlgängen die Stimmzettel verbrannt werden. So war es am Vormittag, als gegen 11.39 Uhr schwarzer Rauch aufstieg und signalisierte, dass die Wahlgänge zwei und drei zu keinem Ergebnis geführt hatten. Am Vorabend, nach dem feierlichen Einzug ins Konklave am 12. März, hatte beim ersten Wahlgang niemand mit einem positiven Ergebnis gerechnet. Daher war der schwarze Rauch um 19.41 Uhr keine Überraschung gewesen.

Doch jetzt? Wird es im fünften Wahlgang gelingen? Der

Platz füllt sich weiter. Viele Römer kommen nach Feierabend vorbei, um beiläufig etwas Konklavestimmung mitzuerleben. Drinnen in der Sixtinischen Kapelle werden in diesem Moment die Stimmen des fünften Wahlgangs ausgezählt.

Das passiert nach einem fest vorgeschriebenen Prozedere. Nachdem jeder Kardinal möglichst mit verstellter Schrift den Namen seines Kandidaten auf den vorbereiteten Wahlzettel geschrieben hat, tritt er mit erhobener Hand nach vorne an den Tisch unter dem imposanten Fresko des Jüngsten Gerichts Michelangelos. Quasi Auge in Auge mit dem auferstandenen, richtenden Christus spricht er die Worte: »Ich rufe Christus, der mein Richter sein wird, zum Zeugen an, dass ich den gewählt habe, von dem ich glaube, dass er nach Gottes Willen gewählt werden sollte.« Dann gibt er seinen Zettel in die Urne. Sind alle Stimmen abgegeben, wird überprüft, ob ihre Zahl derjenigen der teilnehmenden Kardinäle entspricht – 115. Erst dann beginnt die Auszählung. Drei durch das Los bestimmte Kardinäle ermitteln das Ergebnis. Der erste nimmt an dem Tisch unter dem Jüngsten Gericht einen Stimmzettel aus der Urne, stellt den darauf verzeichneten Namen fest, gibt ihn an den zweiten weiter, der ebenfalls den Namen einsieht, bevor der dritte diesen dann laut verkündet. Dabei gibt es ein kleines Problem. Die Akustik in der Sixtinischen Kapelle ist nicht die beste. Dazu kommt, dass viele Kardinäle sich in einem fortgeschrittenen Alter befinden und nicht mehr ganz so gut hören. Das Durchschnittsalter im Konklave liegt immerhin bei fast 72 Jahren. Die Mikrofonanlage wollen die Kardinäle aber nicht benutzen. Sie haben Sorge, dass das Übertragungssystem nicht abhörsicher sei und etwas von der geheimen Wahl nach außen dringen könnte. Also beschließen sie, dass einer aus ihren Reihen, der eine kräftige Stimme hat, sich in die Mitte der Sixtina stellen muss, um laut und deutlich den Namen des Gewählten in die Runde zu rufen. So können alle anwesenden Purpurträger auf den Notizzetteln, die sie an ihrem Platz vorgefunden hatten, selbst mitzählen, wer wie viele Stimmen bekommt. Bei der aktuellen Auszählung wird vor allem ein Name immer wieder genannt: Jorge Mario Bergoglio.

Was die Menschen im Regen draußen auf dem Platz nicht mitbekommen: Gegen 18.45 Uhr hören die Zeremoniare und Konklavehelfer, die während der Wahlgänge vor der Sixtinischen Kapelle in der Sala Regia ausharren, einen lang anhaltenden Applaus durch die massive Holztür der Sixtina nach draußen dringen. Es ist der Moment, in dem der Erzbischof von Buenos Aires die Zweidrittelmehrheit von 77 Stimmen erreicht hat. Doch die Auszählung geht weiter. Am Ende hat Jorge Mario Bergoglio weit über 90 Stimmen auf sich vereint; mehr als vor acht Jahren Joseph Ratzinger bei seiner Wahl. Er soll damals 84 Stimmen bekommen haben. Kurz vor 19 Uhr sind alle Stimmen ausgezählt. Eigentlich ist es nun die Aufgabe des Dekans des Kardinalskollegiums, den Kandidaten mit den meisten Stimmen zu fragen, ob er die Wahl annimmt. Doch Angelo Kardinal Sodano ist nicht im Konklave dabei, da er die Altersgrenze überschritten hat. So leitet der ranghöchste der unter 80-jährigen Purpurträger die Wahl: Kardinal Giovanni Battista Re. Er tritt zu Kardinal Bergoglio, der auf der linken Seite der Sixtinischen Kapelle in der zweiten Reihe seinen Platz hat, und fragt ihn, ob er die Wahl annehme.

Der 76-Jährige antwortet: »Ich bin ein großer Sünder und vertraue auf die Barmherzigkeit und Geduld Gottes. Unter Schmerzen nehme ich an.« Erneut brandet Applaus in der Sixtinischen Kapelle auf. Dann die Frage Res an den neuen Papst nach seinem Namen. Bergoglio antwortet, er wolle sich Franziskus nennen – in Erinnerung und zu Ehren des heiligen Franz von Assisi.

Viele Kardinäle schauen sich fragend und überrascht an. Der indische Kardinal Oswald Gracias, der Bergoglio fast genau gegenübersitzt, erinnert sich, dass Kardinal William Levada vor ihm sich umdreht und nachfragt, wie denn der Name des neuen Papstes nun genau sei. Teils wegen der Verständnisprobleme, teils wegen der großen Überraschung angesichts der Namenswahl geht ein Raunen durch die Sixtinische Kapelle. Vielen Anwesenden ist sofort klar, dass mit diesem Amtsnamen ein Programm verbunden ist, das die Kirche verändern würde. Während der dienstjüngste der Kardinaldiakone, James M. Harvey, die Türen der Sixtina öffnet, um die Zeremoniare sowie die Helfer zum Verbrennen der Stimmzettel hereinzulassen, begibt sich der neue Papst Franziskus in den »Raum der Tränen« neben der Sixtina. Dort liegen weiße Soutanen und die roten Schuhe in verschiedenen Größen bereit, ebenso der rote Schulterumhang, die Mozzetta mit Hermelineinfassung, ein goldenes Brustkreuz und eine Stola.

Draußen auf dem Petersplatz bricht Jubel aus. Um 19.06 Uhr steigt Rauch aus dem Kamin der Sixtinischen Kapelle auf. Schnell ist klar: Er ist weiß. Dieses Mal hat sich der Vatikan gut vorbereitet, um wirklich klare Rauchsignale zu senden. Feuerwerker stellten dafür Kartuschen mit speziellen Chemikalien her. Der schwarze Rauch wird mit einer Mischung aus Kaliumperchlorat, Anthracen und Schwefel erzeugt, der weiße mit einem Zusatz aus Kaliumchlorat, Laktose und Kiefernharz. Eine Kartusche hat eine Brenndauer von rund sieben Minuten. In der Sixtina sind eigens zwei Öfen installiert: einer zur Erzeugung des Rauchs und einer zum Verbrennen der Wahlunterlagen. Dazu gehören neben den Stimmzetteln auch alle persönlichen Notizen der Kardinäle. Der schwarze Rauch am ersten Abend war dieses Mal so stark, dass sich einige Journalisten Sorgen um die Kardinäle und die Fresken in der Sixtinischen Kapelle machten. Vatikansprecher Federico Lombardi versicherte aber, von den Kartuschen gehe keine Gefahr für die Gesundheit der Kardinäle und die Fresken aus.

Kurz nach dem Rauch am Mittwochabend fangen auch die Glocken von Sankt Peter an zu läuten – ein untrügliches Zeichen, dass die Wahl erfolgt ist. »Habemus Papam« rufen sich die Menschen begeistert zu. Der 265. Nachfolger des Apostels Petrus ist gewählt. Fernsehsender rund um die Welt unterbrechen ihr Programm. Überall von den Dächern rings um den Petersplatz wird nun live gesendet. In Rom verbreitet sich die Nachricht wie ein Lauffeuer. Aus allen Richtungen kommen die Massen auf den Petersplatz geströmt. Die große Prachtstraße Via della Conciliazione, die von der Engelsburg am Tiber über mehrere hundert Meter zum Vatikan hinaufführt, wird kurzerhand zur Fußgängerzone. Die Menschen blicken gespannt zur Mittelloggia des Petersdoms hinauf. Dort hatte schon am Vortag die vatikanische Feuerwehr mit ihrem Leiterwagen den schweren roten Samtvorhang angebracht, durch den in wenigen Minuten der neue Papst schreiten wird. Bei jeder kleinsten Bewegung des Vorhangs brandet Applaus auf. Doch die Menschen werden auf eine lange Geduldsprobe gestellt. Der Kardinalprotodiakon, der die freudige Nachricht überbringen wird, lässt über eine Stunde auf sich warten.

Um 19.10 Uhr kehrt Franziskus aus dem »Raum der Tränen« in die Sixtinische Kapelle zurück. Dort warten die Kardinäle auf ihn. Und er sorgt sofort für Aufsehen: Der neue Papst trägt einen schlichten weißen Talar. Die rote Mozzetta hat er nicht angelegt, ebenso wenig die roten Schuhe und das goldene Brustkreuz. Der Stellvertreter Christi erscheint in schwarzen Straßenschuhen und mit dem schlichten silbernen Bischofskreuz. Er steht, setzt sich nicht auf den mittlerweile bereitgestellten Thron. Als Erstes geht er auf den nigerianischen Kardinal Anthony Olubunmi Okogie zu, der im Rollstuhl sitzt. Eine herzliche Umarmung. Das hat wenig mit dem Akt der Huldigung zu tun, den die Kardinäle laut Protokoll dem neuen Kirchenoberhaupt leisten müssen. Was sich mit der Namensgebung angedeutet hat, erfährt in den ersten Minuten des Pontifikats seine Konkretisierung. Franziskus pflegt einen brüderlichen Umgang mit den Kardinälen. Nachdem alle 114 Kardinäle einzeln zu ihm vorgetreten waren, kommen noch einige weitere Mitarbeiter, um dem neuen Papst ihren Gehorsam zu versprechen, darunter der päpstliche Zeremonienmeister Guido Marini, der Präfekt des

Päpstlichen Hauses, Erzbischof Georg Gänswein, und der Chef der Päpstlichen Schweizergarde, Daniel Anrig.

Spontanen Applaus gibt es, als Franziskus dem Sekretär des Konklaves, Erzbischof Lorenzo Baldisseri, seinen roten Pileolus aufsetzt. Einer der Zeremoniare hatte Franziskus gesagt, dass es eine alte Tradition sei, den frei gewordenen Platz im Kardinalskollegium so wieder zu besetzen. Zuletzt hatte das Johannes XXIII. gemacht. Er setzte dem Sekretär des Konklaves Alberto Di Iorio seinen Pileolus auf. Di Iorio wurde dann beim ersten Konsistorium unter Johannes XXIII. am 15. Dezember 1958 Kardinal. Im Falle von Baldisseri bedeutet es ebenso nicht, dass er bereits Kardinal ist; aber er kann sicher sein, dass er bei der nächsten Runde von Kardinalsernennungen dabei sein wird. Baldisseri war mit dem roten Pileolus später auf der Loggia des Petersdoms zu sehen. Franziskus sagte zu ihm scherzend: »Du bist ein halber Kardinal.« Mittlerweile ist allerdings unklar, wie alt diese Tradition wirklich ist. Der italienische Vatikan-Experte Sandro Magister fand heraus, dass bei den neun Papstwahlen seit 1903 nur Johannes XXIII. bei seiner Wahl 1958 diesen »Ritus« vollzog. In den anderen Fällen wurden die Sekretäre des Konklaves zwar oft auch kurze Zeit später zu Kardinälen ernannt, aber sie bekamen nicht schon zum Ende des Konklaves den roten Pileolus aufgesetzt.

Während die Menschen auf dem Petersplatz noch immer warten, ruft Papst Franziskus den Kardinalvikar von Rom, Agostino Vallini, und den Franziskaner, Claudio Kardinal Hummes, an seine Seite. Sie sollen ihn auf die Loggia bei seinem ersten Auftritt begleiten. Auf dem Weg dorthin macht Franziskus kurz halt in der Cappella Paolina. Von dort waren gut 26 Stunden vorher die Kardinäle feierlich ins Konklave eingezogen. Am Morgen des 13. März 2013 hatten sie dort alle gemeinsam die heilige Messe gefeiert, bevor sie mit dem Wählen begonnen hatten. Hier in der Cappella Paolina hatte der Zeremonienmeister einen Thron und eine Kniebank vorne im Mittelgang aufstellen lassen, damit der neue Papst vor dem Allerheiligsten beten konnte. Franziskus zieht es jedoch vor, in der letzten Reihe zu knien und dort zu beten. Erneut muss Zeremonienmeister Guido Marini erfahren, dass der neue Pontifex seine eigenen Wege geht. Schon im »Raum der Tränen« hatte er die vorbereiteten Angebote des Chef-Liturgen dreimal zurückgewiesen: die roten Schuhe, das goldene Brustkreuz und die Mozzetta. Später wurde kolportiert, Franziskus habe dabei gesagt: »Der Karneval ist vorbei, das Zeug können Sie selber tragen, Monsignore.« Der Vatikan-Spezialist Andrea Tornielli hält das für eine Legende – und in der Tat passt es nicht zu Bergoglio, sein Gegenüber derart vor den Kopf zu stoßen. Aber die Geschichte, auch wenn erfunden, zeigt, welches Image der neue Papst schon wenige Stunden nach Amtsantritt hatte.

Mittlerweile ist es nach 20 Uhr. Rund 150 000 Menschen haben sich auf dem Petersplatz versammelt. Vom Künder der frohen Botschaft, geschweige denn vom neuen Papst, noch immer keine Spur. Franziskus hat eine wichtige Sache zu erledigen, bevor er sich der Weltöffentlichkeit zeigt. Er telefoniert mit seinem Vorgänger. Benedikt XVI. weilt seit seinem Amtsverzicht am 28. Februar 2013 in der Päpstlichen Sommerresidenz in Castel Gandolfo. Dort hat er über das Fernsehen die Ereignisse der letzten Tage verfolgt. Es muss ein denkwürdiges Gespräch gewesen sein, der emeritierte Papst spricht mit seinem Nachfolger. Und als ob das nicht schon spektakulär genug wäre: Benedikt XVI. spricht mit seinem größten Konkurrenten aus dem Konklave 2005. Der, der damals nach ihm die meisten Stimmen hatte, ist nun sein Nachfolger – Jorge Mario Bergoglio, der Erzbischof von Buenos Aires.

Der 13. März 2013 ist der neunte Todestag des Wiener Kardinals Franz König. Er war es, der im Konklave vom Oktober 1978 in einer festgefahrenen Situation das Interesse der Papstwähler auf den jungen Kardinal Karol Wojtyla lenkte und so den Weg ebnete für den ersten Nichtitaliener auf dem Stuhl Petri seit Jahrhunderten. König war mitverantwortlich, dass das Papstamt die Grenzen Italiens überstieg; sollte an seinem Todestag etwa eine weitere Grenze überwunden werden, die Grenze Europas? Endlich bewegt sich der Vorhang. Um 20.15 Uhr tritt Kardinalprotodiakon Jean Louis Tauran auf die Mittelloggia des Petersdoms. In den Tagen davor hatte es Spekulationen darüber gegeben, ob der französische Kurienkardinal auf diesen Auftritt wegen seiner Parkinsonerkrankung verzichten würde. Doch der 69-Jährige tritt selbstbewusst vor die Menge auf dem Petersplatz und die Millionen Fernsehzuschauer in aller Welt. Stolz verkündet er die freudige Nachricht: »Habemus Papam!« Grenzenloser Jubel auf dem Petersplatz. Dann nennt Tauran den Namen: »Georgium Marium, Sanctae Romanae Ecclesiae cardinalem, Bergoglio.«

Kurze Stille auf dem Petersplatz: Bergoglio? Wer ist das, fragen sich viele. Es ist keiner der Namen, die im Vorfeld so heiß gehandelt wurden: Marc Ouellet, Angelo Scola, Odilo Scherer. Der Überraschungsmoment erinnert an die Wahl Karol Wojtylas 1978, mit dessen Namen nicht einmal viele Kommentatoren etwas anfangen konnten. Doch jetzt ist es nur wie das Atemholen zu neuem Jubel. Ein Fahnenmeer wogt, die Weltkirche ist versammelt. Rechtzeitig hat es aufgehört zu regnen. Und um 20.22 Uhr tritt der neue Papst auf die Loggia. Still steht er da, die Hände hängen an seiner Seite herunter. Er atmet schwer. »Fratelli e sorelle, buena sera«, sagt er zur Begrüßung, fast ein bisschen schüchtern. »Brüder und Schwestern! Guten Abend!« Jubel, das Eis ist gebrochen. »Ihr wisst, es war die Aufgabe des Konklaves, Rom einen Bischof zu geben. Es scheint, meine Mitbrüder, die Kardinäle, sind fast bis ans Ende der Welt gegangen, um ihn zu holen. … Aber wir sind hier. … Ich danke euch für diesen Empfang. Die Diözese Rom hat nun seinen Bischof. Danke. Zunächst möchte ich ein Gebet sprechen für unseren emeritierten Bischof Benedikt XVI. Beten wir alle gemeinsam für ihn, dass der Herr ihn segne und die Mutter Gottes ihn beschütze.«

Franziskus hat die Menge bereits fest im Griff. 150 000 beten gemeinsam ein Vaterunser und ein Ave-Maria für Benedikt XVI. »Und jetzt beginnen wir diesen Weg – Bischof und Volk –, den Weg der Kirche von Rom, die den Vorsitz in der Liebe führt gegenüber allen Kirchen; einen Weg der Brüderlichkeit, der Liebe, des gegenseitigen Vertrauens. Beten wir immer füreinander. Beten wir für die ganze Welt, damit ein großes Miteinander herrsche. Ich wünsche euch, dass dieser Weg als Kirche, den wir heute beginnen und bei dem mir mein Kardinalvikar, der hier anwesend ist, helfen wird, fruchtbar sei für die Evangelisierung dieser schönen Stadt. Und nun möchte ich den Segen erteilen, aber zuvor bitte ich euch um einen Gefallen. Ehe der Bischof das Volk segnet, bitte ich euch, den Herrn anzurufen, dass er mich segne: das Gebet des Volkes, das um den Segen für seinen Bischof bittet. In Stille wollen wir euer Gebet für mich halten.« Dann das Unerhörte: Der neue Papst verneigt sich tief vor den Gläubigen. Stille legt sich über den Platz. Menschen falten die Hände, schließen die Augen; Fremde beten gemeinsam für den Papst, der jetzt »ihr« Papst ist und der in seiner ersten Handlung und mit einer schlichten, leisen Bitte sein Volk hinter sich versammelt und sich von ihm tragen lässt. Es ist ein Schlüsselmoment wie 2005, als Benedikt XVI. sich mit seinen ersten Worten vor Papst Johannes Paul II. verneigte, dem Millionen wenige Tage zuvor die letzte Ehre erwiesen hatten. Benedikt XVI. sagte damals: »Nach einem großen Papst Johannes Paul II. haben die Herrn Kardinäle mich gewählt, einen einfachen und bescheidenen Arbeiter im Weinberg des Herrn.« Die Verneigung vor Johannes Paul II. im Jahr 2005 und die Verneigung vor dem Volk 2013 sind wichtige Gesten, die das Verhältnis von Papst und Gläubigen bestimmen. Eben noch der frenetische Jubel, jetzt das stille Gebet für den Papst. »Jetzt werde ich euch und der ganzen Welt, allen Männern und Frauen guten Willens, den Segen erteilen.« Franziskus legt die Stola um und spricht den feierlichen Segen Urbi et Orbi, der Stadt und dem Erdkreis. Danach fügt er noch hinzu: »Brüder und Schwestern, ich verabschiede mich von euch.

Vielen Dank für den Empfang. Betet für mich und bis bald! Wir sehen uns bald: Morgen möchte ich die Muttergottes aufsuchen und sie bitten, ganz Rom zu beschützen. Gute Nacht und angenehme Ruhe.« Franziskus steht noch einige Momente auf der Loggia, dann tritt er hinter den Vorhang zurück. Er begibt sich mit den Kardinälen ins Gästehaus Santa Marta, wo ein gemeinsames Abendessen auf dem Programm steht. Später auf Twitter verbreitete Schnappschüsse zeigen ihn mit den anderen Kardinälen im Minibus. Beim Abendessen wie auch an den folgenden Tagen bewegt sich Franziskus im Speisesaal und im Haus mit der gleichen Ungezwungenheit wie vor seiner Wahl, als sei er weiterhin ein Bischof unter Bischöfen.

PAPST IM ZWEITEN ANLAUF
Wie es zur Wahl von Kardinal Bergoglio zum Papst kam

Sensation! Überraschung! Das waren die wohl am meisten gebrauchten Worte, um die Entscheidung der Kardinäle zu charakterisieren. Mit der Wahl Jorge Mario Bergoglios ist den Purpurträgern ein echter Coup gelungen, da sind sich die Beobachter schnell einig. Unmittelbar nach dem ersten Auftritt von Franziskus beginnen die Analysen der Wahl. Wie konnte es dazu kommen, dass gerade der Erzbischof von Buenos Aires der neue Papst wurde? Im Konklave 2005 hatte er die Chance auf das Papstamt verpasst; mit seinen inzwischen 76 Jahren schien er im Vorfeld vielen zu alt und zu geschwächt; schließlich hatte Benedikt XVI. dieses Amt gerade aufgegeben, weil nach seinen Worten »die Kraft des Körpers und des Geistes« nicht mehr ausreichte, um das Schiff der Kirche zu führen. Warum Bergoglio? Was war geschehen in den letzten Tagen und Wochen der Sedisvakanz?

Rückblick: Es ist der 11. Februar 2013. Kurz vor 12 Uhr geht die Eilmeldung um die Welt. Papst Benedikt XVI. hatte im Rahmen eines Konsistoriums, dem Treffen der in Rom anwesenden Kardinäle, zur Promulgation einiger Selig- und Heiligsprechungsdekrete überraschend angekündigt, dass er zum 28. Februar 20 Uhr auf sein Amt als Bischof von Rom, Oberhaupt der katholischen Kirche und Stellvertreter Christi, verzichten werde. Wenige Stunden später beginnen die Spekulationen um die möglichen Nachfolger. Der Name des Erzbischofs von Buenos Aires, Jorge Mario Bergoglio, ist von Anfang an mit dabei. Allerdings werden ihm aufgrund seines

Alters wenig Chancen eingeräumt. So bleibt der Argentinier zwar bis zum Beginn des Konklaves immer auf vielen »Papabile«-Listen, doch meist auf den hinteren Plätzen. Als Grund wird sein Scheitern im Konklave 2005 angeführt.

Damals wurde schon in den Tagen vor dem Tod Johannes Pauls II. am 2. April 2005 über Nachfolger spekuliert. Viele sahen den langjährigen engen Weggefährten Joseph Kardinal Ratzinger als klaren Favoriten. Manche sahen die Zeit aber auch reif für einen nichteuropäischen Kandidaten. Schon damals lebte der Großteil der Katholiken weltweit außerhalb Europas; der Trend setzte sich fort – inzwischen sind es 76 Prozent. 2005 machten sich einige Hoffnungen auf einen Papst aus einem Land des Südens. Gehandelt wurde unter anderem der Nigerianer Francis Arinze, langjähriger Leiter der Vatikan-Behörde für Gottesdienst und Sakramente. Der damals 72-Jährige erklärte aber kurz vor der Wahl, dass die Zeit noch nicht reif sei für einen schwarzen Papst. Also vielleicht doch aus Südamerika? Unter den Namen, die 2005 von dort gehandelt wurden, befinden sich drei, die auch 2013 eine wichtige Rolle spielen sollten: Kardinal Claudio Hummes, damals 70 Jahre alt und Erzbischof von São Paulo in Brasilien, Kardinal Oscar Rodriguez Maradiaga, damals 62 und Erzbischof von Tegucigalpa in Honduras, sowie Kardinal Jorge Mario Bergoglio, damals 68 und Erzbischof von Buenos Aires in Argentinien.

In den Tagen vor dem Einzug der Kardinäle ins Konklave 2005 dominiert vor allem ein Name die Zeitungen und Gespräche in Rom: Joseph Kardinal Ratzinger. Er hat über zwei Jahrzehnte das theologische Profil des Pontifikats Papst Johannes Pauls II. geprägt. Mit dem Tod seines engen Freundes und Vertrauten kommt eine hohe Verantwortung auf Joseph Ratzinger zu. Er ist es, der als Dekan des Kardinalskollegiums die Zügel in der Hand hält. Joseph Ratzinger leitet die Beerdigungsfeierlichkeiten und rückt damit zum ersten Mal ins Zentrum der Aufmerksamkeit. Es ist für ihn eine ungewohnte Rolle, da er sonst immer gerne aus der zweiten Reihe agierte. Jetzt steht er plötzlich im Mittelpunkt. Er leitet die Generalkongregationen, die täglichen Kardinalsversammlungen während der Sedisvakanz, mit großem Geschick. Hier geht es um eine Analyse der Situation der Kirche; hier wird auch über das Profil des künftigen Papstes gesprochen. Das Wort des langjährigen Glaubenswächters hat Gewicht. In diesen Tagen scheinen immer mehr Kardinäle zu dem Schluss zu kommen, der schüchterne Bayer soll es künftig richten. Spätestens die Predigt Ratzingers beim Gottesdienst »Pro eligendo Romano Pontifice« am Morgen des 18. April scheint für viele die letzten Zweifel ausgeräumt zu haben. Seine Rede von der »Diktatur des Relativismus«, dem es gegenzusteuern gilt, ist legendär. Was von Joseph Ratzinger als geistiges Vermächtnis gedacht war, denn der 78-Jährige wollte nach dem Konklave in Pension gehen und in seiner bayerischen Heimat zusammen mit seinem Bruder Georg den Lebensabend verbringen und Bücher schreiben, verstanden viele Kardinäle, aber auch Beobachter in aller Welt als Programmrede für das Papstamt.

Was hinter den verschlossenen Türen der Sixtinischen Kapelle passierte, durfte offiziell nicht nach außen dringen. Doch im Herbst 2005 veröffentlicht die italienische Zeitschrift »Limes« das Konklavetagebuch eines anonymen Kardinals. Er soll sich am Abend jeweils nach der Rückkehr ins vatikanische Gästehaus Santa Marta Notizen über den Verlauf der Abstimmungen gemacht haben. Die Reaktionen verschiedener Kardinäle auf die Veröffentlichungen lassen darauf schließen, dass sich die Wahl Benedikts XVI. im Großen und Ganzen so abgespielt haben mag. Der Vatikan hielt sich mit einer Kommentierung des Berichts sehr zurück und verurteilte nur grundsätzlich die Veröffentlichung. Demnach hatten schon am Abend des 18. April 2005 im ersten Wahlgang 47 von 115 Kardinälen ihre Stimme Joseph Ratzinger gegeben. Damit war ein klares Signal gesetzt; denn der Purpurträger mit dem nächsthöchsten Ergebnis war Jorge Mario Bergoglio mit zehn, gefolgt von Kardinal Carlo Maria

Martini mit neun Stimmen. Dieser war eigentlich die große Hoffnung der Reformer im Konklave gewesen. Doch im Vorkonklave hatte er in seinem Vortrag unter anderem angedeutet, dass man auch über das Priesteramt für Frauen nachdenken sollte. Das kostete ihn bereits im Vorfeld viel Unterstützung. Zudem war Martini damals schon von seiner Parkinsonerkrankung gezeichnet, versprach also nicht die nötige gesundheitliche Verfassung für das Amt. Dennoch wählten ihn einige Kardinäle. Die weiteren Stimmen des ersten Wahlgangs verteilten sich auf verschiedene Personen, darunter die Kardinäle Angelo Sodano und Camillo Ruini. Mit diesem Eindruck kehrten die Kardinäle am ersten Abend des Konklaves zurück ins vatikanische Gästehaus Santa Marta. In kleinen Gruppen wurde viel diskutiert. Was bisher nicht bekannt war: Die Abstimmung in der Sixtinischen Kapelle war nicht das erste Skrutinium beim Konklave 2005. Schon am Vorabend hatte in Santa Marta eine Art Probeabstimmung stattgefunden, die ein erstes Meinungsbild abgab. Sie dürfte dafür mitverantwortlich sein, dass Ratzinger schon beim ersten offiziellen Wahlgang so hoch einstieg. Konklaveteilnehmer berichten, dass in der Dynamik der Abstimmungen ein Favorit eine Art Sogwirkung entwickelt und so seine Position schnell ausbauen kann. Das trifft auch auf Joseph Ratzinger zu. Beim zweiten Wahlgang vereint er schon 65 Purpurträger hinter sich. Das Erstaunliche ist aber, dass sich plötzlich Bergoglio zum großen Gegenspieler entwickelt. Die Stimmen für Martini und weitere progressive Kardinäle gehen auf ihn über: 35-mal wird der Name der Erzbischofs von Buenos Aires beim Stimmauszählen genannt. Im dritten Wahlgang stärken beide ihre Position: Ratzinger erhält 72 Stimmen, Bergoglio 40. Als die Kardinäle zum Mittagessen nach Santa Marta zurückkehren, ist ihnen das drohende Patt bewusst: Würden die Unterstützer Bergoglios ihm auch in den nächsten Wahlgängen die Treue halten, wäre Ratzinger blockiert; ihm fehlen noch fünf Stimmen bis zur notwendigen Zweidrittelmehrheit. Der anonyme Tagebuch-Autor berichtet, der Mailänder Kardinal Carlo Maria Martini habe für den nächsten Tag mit ganz neuen Kandidaten gerechnet. Doch so weit sollte es bekanntlich nicht kommen.

Entscheidend dürften die Stunden zwischen dem dritten und vierten Wahlgang an diesem 19. April 2005 gewesen sein, die Mittagspause in Santa Marta. Rein theoretisch hätten die Unterstützer Joseph Ratzingers sich entspannt zurücklehnen können. Denn spätestens nach dem 33. Wahlgang hätte nach der damaligen Konklave-Ordnung die 50-Prozent-Mehrheit ausgereicht, also 58 Stimmen. Eine entsprechende Änderung hatte Papst Johannes Paul II. 1996 eingeführt. Demnach hätte das Ratzinger-Lager einfach gut eine Woche standhaft bleiben müssen. Doch was hätte dies für ein Bild in der Weltöffentlichkeit abgegeben? Eines war klar: Ratzinger würde nicht zulassen, mit Hilfe einer Hängepartie ins Amt gehoben zu werden. Sollte er im vierten Wahlgang nicht gewählt werden, würde er sich als Kandidat nicht mehr zur Verfügung stellen. Das wissen auch seine Unterstützer. Sie machen noch einmal Werbung für ihren Mann. Und Bergoglio? Er weiß, dass er keine Chance hat, die notwendige Mehrheit zu erreichen. Eine Blockade will auch er nicht. Ihm geht es um das Wohl der Kirche. Angesichts des großen Vorsprungs Ratzingers scheint es der Wille Gottes, dass der Kardinaldekan künftig die Kirche führen soll. In der Mittagspause des 19. April 2005 bittet er, wie Kardinäle später berichten, mit Tränen in den Augen seine Unterstützer, ihre Stimmen dem Führenden zu geben. Er möchte nicht derjenige sein, der das Pontifikat des Theologen Ratzinger verhindert haben wird.

Um 16 Uhr versammeln sich die Kardinäle wieder in der Sixtinischen Kapelle. Zu diesem Zeitpunkt gehen viele bereits davon aus, dass im nächsten Wahlgang die Entscheidung fallen wird. Zunächst kommt das Stundengebet, danach folgt die Wahl. Sie endet mit einem klaren Ergebnis: Jorge Mario Bergoglio fällt auf 26 Stimmen zurück; Joseph Ratzinger erhält 84 Stimmen und wird Papst Benedikt XVI. Als gegen 17.30 Uhr beim Auszählen der Stimmen die Zweidrittelmehrheit von 77 Stimmen erreicht wurde, soll es zunächst ganz still gewesen sein in der Sixtinischen Kapelle; dann habe Applaus eingesetzt. Erfolg im vierten Wahlgang nach rund 24 Stunden. Es war eines der kürzesten Konklaven der Neuzeit. Jorge Mario Bergoglio kehrt nach dem Konklave wieder als Erzbischof von Buenos Aires in seine Heimat zurück.

Ende Februar 2013 kommt er erneut nach Rom, um wieder an einer Papstwahl teilzunehmen. Der Mann, gegen den er vor knapp acht Jahren unterlegen war, verzichtet auf das Papstamt. Kardinal Bergoglio sieht, dass er auch dieses Mal auf den »Papabile«-Listen zu finden ist. Mittlerweile ist er 76 Jahre, wirkt etwas gebrechlich, wenn er morgens zu Fuß von seiner Unterkunft im historischen Zentrum Roms hinübergeht zum Vatikan, um dort an den Generalkongregationen teilzunehmen. Freundlich grüßt er die Journalisten, die dort jeden Morgen auf die Purpurträger warten und versuchen, Neuigkeiten aus dem Vorkonklave zu erhaschen. Am 28. Februar 2013 verabschiedet sich das Kardinalskollegium von Papst Benedikt XVI. Auch Jorge Mario Bergoglio ist dabei. Die beiden unterhalten sich herzlich, weit länger als andere.

Am 4. März 2013 beginnen die Generalkongregationen. Täglich versammeln sich nun die Kardinäle, um über die Situation der Kirche zu berichten. Die Versammlungen finden in der Synodenaula statt. Wie in einem Hörsaal sitzen die Kardinäle, nach Kardinalsklassen geordnet: vorne die Kardinalbischöfe, dahinter auf den ansteigenden Rängen die Kardinalpriester und ganz oben die Kardinaldiakone. Am langen Tisch in der Mitte präsidiert der Dekan des Kardinalskollegiums, Angelo Sodano, gemeinsam mit dem Camerlengo, Kardinal Tarcisio Bertone, und dem Sekretär des Kardinalskollegiums, Erzbischof Lorenzo Baldisseri. Sodano leitet die Beratungen.

Anders als beim Vorkonklave 2005 geht es dieses Mal wenig systematisch zu. Damals hatte Kardinaldekan Ratzinger die Leiter der vatikanischen Dikasterien um Sachstandsberichte zu ihren Fachgebieten gebeten sowie einige Kardinäle aufgefordert, die Situation ihrer Kirche auf den verschiedenen Kontinenten zu schildern. Nach den Referaten fanden kurze Aussprachen statt. Das gibt es 2013 nicht. Jeder Kardinal hat die Möglichkeit, sich zu melden und zu dem Thema zu sprechen, zu dem er möchte. Das Wort wird nach Reihenfolge der Meldungen erteilt. Eine wirkliche Diskussion kommt so nicht in Gang. In den ersten Tagen ist die Redezeit nicht begrenzt; erst ab dem dritten Tag wird aufgrund der großen Zahl der Meldungen ein Limit von fünf Minuten eingeführt. Um das Ganze wenigstens ein bisschen inhaltlich zu ordnen, versucht man drei Themen vorzugeben, die an verschiedenen Tagen abgearbeitet werden sollen: die Kirche von außen und innen, die Kurie und schließlich das Profil eines neuen Papstes. Doch viele Kardinäle halten sich nicht daran. Am Ende summieren sich die Wortbeiträge in den zehn Generalkongregationen auf 161.

Ganz oft geht es um die Kurie. Die Pannen und Krisen im Pontifikat von Benedikt XVI. werden offen angesprochen. Kritik am Krisenmanagement und der Informationspolitik wird laut. Offiziell sind die Kardinäle die engsten Mitarbeiter und Berater des Papstes; tatsächlich, so klagen einige, müssten sie sich größtenteils über die Medien informieren, was im Vatikan passiert. Mangelnde Transparenz und zu viel Zentralismus, fehlende Kollegialität und höfisches Gehabe im Vatikan sind einige Vorwürfe, die in den Beratungen fallen. Zwar wird nur in ganz wenigen Fällen der bisherige Kardinalstaatssekretär Tarcisio Bertone als einer der Verantwortlichen für die Probleme an der Kurie benannt, doch nach Aussage von Beteiligten richtet sich der Blick sehr oft auf Bertone, der in seiner Funktion als Camerlengo auf dem Podium sitzt. Auch am Prozedere im Vorkonklave gibt es Kritik von Seiten der Kardinäle. Unliebsame Redebeiträge werden bisweilen vom Kardinaldekan mit einem schnellen »Grazie, Eminenza« quittiert, und der nächste Redner wird aufgerufen. Zwar wird Kardinaldekan Sodano zur Verbesserung der Kommunikation aufgefordert. Doch es passiert nichts. Es entsteht der

Eindruck, dass eine Diskussion vielleicht gar nicht gewünscht ist. Man gibt Offenheit vor, verhindert aber allzu kontroverse Gespräche. Ist das die Strategie der beiden Führungspersonen in der Sedisvakanz, Kardinaldekan Angelo Sodano und Camerlengo Tarcisio Bertone? Vieles an Kurienkritik würde letztlich auch sie treffen. Manche Krisen und Skandale, die unter Benedikt XVI. zutage traten, hatten ihre Wurzeln im Pontifikat von Johannes Paul II., in dem Soldano schon in der Kirchenleitung saß – etwa die Probleme mit den Vatikanfinanzen oder der Skandal um den Gründer der Legionäre Christi, Marcial Maciel. Auch wenn Sodano und Bertone keine großen Freunde sind, an dieser Stelle haben sie gemeinsame Verteidigungsinteressen.

Zwar wird in den Generalkongregationen offen gesprochen, doch finden die Meinungsbildung und die inhaltliche Auseinandersetzung unter den Kardinälen in den Pausen sowie in kleinen Zirkeln am Nachmittag und Abend statt. So wird in den öffentlichen Sitzungen über das Profil eines künftigen Papstes geredet, doch Namen werden nicht genannt. Das findet im kleineren Rahmen und beim Kaffee statt, etwa ab dem dritten Beratungstag. Dabei verlaufen die Gruppengrenzen durchaus nicht nach geografischen Kriterien, wie man sich das oft vorstellt. So bilden beispielsweise die 28 italienischen Kardinäle als größte nationale Gruppe nicht einen geschlossenen Block. Vielmehr verlaufen die Linien nach inhaltlichen Übereinstimmungen. Das schließt nicht aus, dass sich auch Sprachgruppen treffen. So setzen sich etwa in einer frühen Phase des Vorkonklaves sieben deutschsprachige Kardinäle zusammen und beraten über mögliche Kandidaten, ohne aber schon zu einem konkreten Ergebnis zu kommen. Zu einem späteren Zeitpunkt schließen sie sich noch einmal kurz. Dann hat sich das Bild des künftigen Papstes schon konkretisiert. Die Nationen sind bei der Wahl nicht so entscheidend; auch ob es sich um Kurienkardinäle oder Ortsbischöfe handelt, spielt keine große Rolle. Im Vorkonklave gibt es eine große Zahl von Kurienleitern, die eine Reform der römischen Zentrale fordern. Dazu gehören der langjährige Justizminister Francesco Coccopalmerio, ein Italiener, sowie der brasilianische Chef der Ordenskongregation, João Braz de Aviz, aber auch der deutsche Kurienkardinal Walter Kasper, der durch seine lange Tätigkeit als vatikanischer Ökumene-Verantwortlicher bei vielen Kardinälen in der Welt bekannt ist. Seine Stimme hat Gewicht im Konklave.

Die Kardinäle berichten von vielen guten Wortmeldungen im Vorkonklave. Auch der Deutsche Reinhard Marx macht durch seine sachlichen und zugleich bestimmten Beiträge auf sich aufmerksam. Unter anderem benennt er wunde Punkte bei den Vatikanfinanzen. Vor allem zwei Purpurträger scheinen aber durchweg beeindruckt zu haben: Der eine ist der Erzbischof von Manila, Luis Antonio Tagle, und – Jorge Mario Bergoglio. Oft hört man die Kardinäle über das Alter von Tagle klagen; denn obwohl er vielen der geeignete Kandidat zu sein scheint, gilt er mit seinen 55 Jahren als zu jung. Außerdem sind sich viele nicht sicher, ob seine Erfahrung reicht, einen Apparat wie den Vatikan zu führen. Zwar wurde er schon 2001 zum Diözesanbischof ernannt, doch die große Erzdiözese Manila hat er erst Ende 2011 übernommen. Bleibt Jorge Mario Kardinal Bergoglio. Am 8. März 2013 hält er eine kurze Rede – nur dreieinhalb Minuten, deutlich unter dem Limit. Doch er hinterlässt tiefen Eindruck. Seine Analyse des aktuellen Zustands der Kirche, seine Vorschläge für eine radikale Neuausrichtung des kirchlichen Handelns und die Art seines Vortrags bringen viele Kardinäle zum Nachdenken. Was Joseph Ratzinger 2005 mit seiner Predigt über die »Diktatur des Relativismus« auslöst, schafft 2013 der kurze Vortrag Bergoglios vier Tage vor Beginn des Konklaves.

Am darauffolgenden Wochenende sprechen die Kardinäle bei ihren Treffen immer öfter über den Erzbischof von Buenos Aires. Erkundigungen werden eingeholt über sein theologisches Profil. Einige erinnern sich an das letzte Konklave. Immerhin waren 48 Kardinäle schon bei der Papstwahl 2005 dabei und hatten Kardinal Bergoglio bei den Vorgesprächen und den Abstimmungen in der Sixtina erlebt. Vor allem der brasilianische Kardinal Claudio Hummes macht in diesen letzten Tagen vor der Entscheidung 2013 Werbung für den Argentinier. Auch andere Lateinamerikaner sehen nun eine Chance, einen der Ihren auf den Stuhl Petri zu heben, etwa der honduranische Kardinal Oscar Rodriguez Maradiaga. Er war selbst schon 2005 im Rennen und wird auch jetzt wieder als »papabile« gehandelt; doch er erkennt schnell, das Bergoglio bei einer konzertierten Aktion größere Chancen hat. Unter den Kirchenmännern seines Kontinents hat sich der Erzbischof von Buenos Aires einen guten Ruf erarbeitet. Bei der letzten großen Vollversammlung der Bischöfe Lateinamerikas und der Karibik im Mai 2007 im brasilianischen Aparecida war er verantwortlich für die Redaktion des Schlussdokuments. Die Art, wie er unterschiedliche Positionen von Progressiven und Konservativen in einem gemeinsamen Papier bündelte, trug ihm hohes Ansehen in beiden Lagern ein – umso mehr, als er dann das Papier gegen römische Einflussnahme verteidigte. Auch für mehrere deutsche Kardinäle ist spätestens am Montagabend klar: Bergoglio ist ein ernstzunehmender Kandidat.

Anders als 2005 ziehen die Kardinäle im März 2013 erst am Morgen des ersten Konklavetags in das vatikanische Gästehaus Santa Marta ein. Das hat den Vorteil, dass sie sich bis zur letzten Minute frei bewegen und treffen können. Auch die Purpurträger, die über 80 Jahre alt sind und nicht mehr mitwählen dürfen, haben so die Chance, bis zum Schluss mitzudiskutieren. Das ist nicht zu unterschätzen, denn sie haben das letzte Konklave miterlebt und mitgeprägt. Und nicht alle Papstwähler empfinden den Aufenthalt in Santa Marta als angenehm. Zwar handelt es sich um ein Gästehaus der gehobeneren Klasse. Doch zum Konklave gibt es aus Sicherheitsgründen erhebliche Einschränkungen. So lassen sich etwa die Fensterläden in den Zimmern nicht öffnen. Sie wurden verplombt, um zu verhindern, dass die Kardinäle Kontakt mit der Außenwelt aufnehmen. Der New Yorker Kardinal Timothy Dolan, Erstteilnehmer beim Konklave, vergleicht seine Erfahrung anschließend mit der eines Gefängnisses. Diese Einschränkungen der Bewegungs- und Kommunikationsfreiheit dürften mit ein Grund gewesen sein, warum die Kardinäle den Konklavebeginn hinauszögerten. Für sie waren die Generalkongregationen die Zeit des Diskutierens, das Konklave die Zeit der Entscheidung. Man wollte gut vorbereitet ins Konklave gehen, damit dieses nicht zu lange dauerte. Die Wahlordnung Johannes Pauls II. sieht eigentlich vor, dass zwischen dem 15. und 20. Tag nach Eintritt der Sedisvakanz die Kardinäle zur Wahl zusammentreten müssen. Benedikt XVI. hatte wenige Tage vor Ende seiner Amtszeit den Weg dafür frei gemacht, den Konklavebeginn vorzuziehen. Sobald alle Wahlkardinäle anwesend waren – das war am 7. März 2013 der Fall –, konnte über den Konklavebeginn abgestimmt werden. Einige wünschten offenbar einen eiligen Durchmarsch, andere wollten mehr Zeit für Vorgespräche. Am Nachmittag des 8. März 2013 einigen sich die Kardinäle mit großer Mehrheit auf den 12. März als Start für die Papstwahl.

Mit gemischten Gefühlen ziehen die Kardinäle dann an diesem Dienstagnachmittag feierlich in die Sixtinische Kapelle ein. Es ist keine leichte Wahl. Jeder hat mittlerweile etwa zwei bis drei Kandidaten im Kopf, die eventuell in Frage kämen. Charismatisch und spirituell, dabei durchsetzungsstark, zudem mit Verständnis für unterschiedliche Kulturen und mit Blick für die sozialen Probleme der Welt, außerdem in mehreren Sprachen bewandert – so etwa sieht das Profil aus. Wer passt darauf? Angesichts der Probleme im letzten Pontifikat wurde in den zurückliegenden Tagen nicht nur über die Anforderungen an den neuen Papst gesprochen, sondern auch über das Profil des Kardinalstaatssekretärs. Vielen Kardinälen wäre es lieb, wenn ihr Kandidat für das Papstamt vorab durchblicken ließe, wen er im Fall seiner Wahl auf diesen zweithöchsten Posten in der katholischen Kirche berufen würde. Doch genau dieses sogenannte Ausstellen eines »Tickets« verbietet das Wahlrecht ausdrücklich.

Die Predigt am Vormittag des 12. März 2013 in der Messe »Pro eligendo Romano Pontifice« bringt keine großen neuen Impulse. Die Worte des Diplomaten Angelo Sodano, der als Kardinaldekan dem Gottesdienst vorsteht, sind nicht zu vergleichen mit der Predigt des Theologen Joseph Ratzinger vor acht Jahren. Eher leidenschaftslos trägt Sodano seine Gedanken vor. Zwei Punkte scheinen aber doch interessant: Der 85-Jährige spricht von der Liebe Gottes gegenüber den Menschen, die »sich besonders im Kontakt mit Ungerechtigkeit, Armut, allen Zerbrechlichkeiten des Menschen, seien sie psychisch oder moralisch« ausdrückt. Das erinnert an Brüche in Lebensläufen, auf die die Kirche oft mit kaum verständlicher Härte reagiert. Dazu zählen Menschen in gescheiterten Beziehungen. Will Sodano einen Papst, der hier »barmherzig« ist? Im Schlussteil der Predigt geht Sodano auf den Einsatz für Gerechtigkeit und Frieden ein, der zur Sendung des Papstes gehöre. Eine Kritik am letzten Pontifikat war immer wieder, dass die politische Dimension zu kurz gekommen sei und dass so der politische Einfluss, den die katholische Kirche unter Johannes Paul II. gewonnen habe, zumindest in Teilen wieder verspielt worden sei. Sodano war als Kardinalstaatssekretär in der Wojtyla-Ära für die Diplomatie zuständig. Er sah manche Entwicklung in diesem Bereich unter Benedikt XVI. kritisch. Der Wunsch, den er den Kardinälen ins Konklave mitgibt, zielt auf einen politischeren Papst.

Am Nachmittag des 12. März 2013 findet der erste Wahlgang statt. Nach dem, was in den ersten Wochen nach dem Konklave bekannt wurde, kam es dabei nicht zu dem erwarteten Zweikampf zwischen dem Mailänder Erzbischof Angelo Kardinal Scola und seinem Amtsbruder aus São Paulo, Odilo Kardinal Scherer. Der Italiener dürfte zwar sehr hoch eingestiegen sein. Einige Quellen sprechen von 35 Stimmen; andere sagen, er habe weniger Nennungen erhalten und sei vom Vorsitzenden der italienischen Bischofskonferenz, Angelo Bagnasco, übertrumpft worden. Ziemlich sicher dürfte jedenfalls der Brasilianer Scherer von Anfang an nur wenige

Stimmen auf sich vereinigt haben. Dies könnte damit zusammenhängen, dass seine Nähe zur römischen Kurie von vielen Kardinälen als negativ bewertet wurde. Sie fürchteten, dass mit Scherer als Papst alte Seilschaften weiter das Sagen haben könnten. Zudem soll er im Vorkonklave zu stark die Kurie verteidigt haben. Das kam bei den Diözesanbischöfen nicht gut an.

Jorge Mario Bergoglio startet mit rund 20 Stimmen und damit nicht so hoch wie seinerzeit Joseph Ratzinger im ersten Wahlgang. Knapp hinter ihm dürfte der Kanadier Marc Ouellet gelegen haben. Mit diesem Eindruck kehren die Kardinäle am Abend ins Gästehaus Santa Marta zurück. In den beiden Wahlgängen am folgenden Morgen zeigt sich, dass Angelo Scola auf der Stelle tritt, Jorge Mario Bergoglio hingegen immer mehr Stimmen hinzugewinnt. Nach den Lateinamerikanern folgen ihm jetzt auch viele US-Amerikaner sowie Kardinäle aus Afrika und Asien. Die hatten bereits im Vorkonklave gemerkt, dass der Erzbischof von Buenos Aires ihnen sehr nahesteht in seinen Erfahrungen, in seinem Denken und Handeln als typischer Vertreter der lateinamerikanischen Hierarchie: konservativ in der Theologie, aber zugleich mit einem starken sozialethischen Profil. In dieser Kombination dürfte er den Kardinälen der südlichen Hemisphäre als ein Vertreter ihrer Sache erschienen sein. Nach dem insgesamt dritten Wahlgang geht es zur Mittagspause nach Santa Marta zurück.

Kardinal Bergoglio scheint zu ahnen, was auf ihn zukommt. Er isst ausnahmsweise nicht mit den anderen Kardinälen im Speisesaal, sondern zieht sich auf sein Zimmer zurück. Er lässt sich später von Kardinal Santos Abril y Castello das Essen bringen: Makkaroni mit Tomatensoße, Salat und etwas Wasser. Die letzte Mahlzeit als Kardinal. Am Nachmittag dann die Entscheidung: Mittlerweile sind auch Europäer in den »Sog« eingeschwenkt, der sich am Vormittag entwickelte. Spätestens im fünften Wahlgang kann Bergoglio auch mit der Unterstützung der meisten deutschsprachigen Kardinäle rechnen. Selbst viele Italiener schließen sich ihm an; Bergoglio hat piemontesische Vorfahren. Schließlich erreicht der Argentinier im fünften Wahlgang ein Ergebnis, das weit über der notwendigen Zweidrittelmehrheit von 77 Stimmen liegt. Mindestens 90 Stimmen sollen es gewesen sein. Einige Quellen sprechen von über 100 Stimmen; womöglich eine überhöhte Angabe. Nach seiner Wahl geht Bergoglio auf den Mailänder Erzbischof Kardinal Angelo Scola zu, umarmt ihn und sagt: »Wir sind und bleiben Freunde.«

Jorge Mario Kardinal Bergoglio ist Papst im zweiten Anlauf. Viele fragen sich: Warum erst jetzt? Doch gegenüber 2013 bestand acht Jahre zuvor eine deutlich andere Ausgangslage. 2005 war Joseph Kardinal Ratzinger der »geborene Nachfolger« für Johannes Paul II. Jeder Kardinal kannte ihn persönlich. In seiner Zeit als Präfekt der Glaubenskongregation zwischen 1982 und 2005 hatten alle mit ihm zu tun. Das ist 2013 anders. Es gibt keinen Kandidaten, der eine vergleichbare Schlüsselrolle einnimmt. Dazu kommt, dass 2005 eine ganze Reihe von Kardinälen den Eindruck hatte, nach Johannes Paul II. sei ein Papst nötig, der das theologische Profil der katholischen Kirche wieder schärfe. Nach einem langen Pontifikat, das durch viele Gesten geprägt war, suchten sie einen Theologen, der die Kirche wieder auf Kurs zu bringen versprach. Der langjährige Glaubenshüter schien dafür ideal. Er hatte sich schon unter Johannes Paul II. verschiedentlich als Gegengewicht eingebracht. Um der katholischen Tradition und Lehre willen ergriff Ratzinger die Opposition, um das Kirchenschiff auf einem mittleren Kurs zu halten. So kritisierte er das interreligiöse Friedenstreffen von Assisi, äußerte Vorbehalte gegen das große Schuldbekenntnis Johannes Pauls II. für die Fehler der Kirche zu Beginn der Fastenzeit im Heiligen Jahr 2000. Besonders wenn es um interreligiösen Dialog und Ökumene ging, sah sich Ratzinger mehrfach zu klaren Positionsbestimmungen genötigt. Das rief durchaus Verstimmungen innerhalb der katholischen Kirche und bei Dialogpartnern hervor. Ein Beispiel vor allem für die nichtkatholischen Kirchen in Deutschland ist das Dokument »Dominus Iesus« vom Sommer 2000. Im kleinen Kreis erzählt der heutige Kardinal Stanislaw Dziwisz, seinerzeit Privatsekretär Johannes Pauls II., der damalige Papst habe sich durchaus eine größere Öffnung beim Kommunionempfang in konfessionsverschiedenen Ehen vorstellen können, aber Kardinal Ratzinger sei dagegen gewesen. Er habe auf eine Klärung der damit verbundenen theologischen Fragen bestanden. So sei es bei der Formulierung in der Enzyklika »Ut unum sint« von 1995 geblieben, die nur in sehr begrenztem Umfang einen Empfang der Sakramente der Eucharistie, der Buße und Krankensalbung auch für nichtkatholische Christen erlaubt (Art. 46).

Auf den Charismatiker Johannes Paul II. folgte 2005 der Theologe Joseph Ratzinger. 2013 ist die Situation nun wieder eine andere. Theologisch hat Benedikt XVI. die Erwartungen vieler erfüllt. Doch in Bezug auf seine Regierung gab es in den vergangenen Jahren harte Kritik. Sie konzentrierte sich auf den weiteren Ausbau des Zentralismus einerseits und Führungsschwäche gegenüber der Kurie andererseits. Daher suchen die Kardinäle nun einen Papst, der Leitungskompetenz verspricht, der aber auch das kollegiale Element wieder stärker betonen und das Verhältnis zwischen Universalkirche und Ortskirche neu ausbalancieren solle. Dem Jesuiten Jorge Mario Bergoglio scheinen die Kardinäle zuzutrauen, dass er auf diesem schmalen Grat gehen könne. Sein fortgeschrittenes Alter spielt demgegenüber eine nachrangige Rolle. Zudem haben viele Kardinäle Bedenken gegen einen zu jungen Kandidaten. Man will sich nicht ohne weiteres für eine so lange Zeit, wie das 26-jährige Pontifikat Johannes Pauls II. es war, festlegen. Kürzere Amtszeiten eröffnen die Möglichkeit, jeweils den richtigen Mann für aktuelle Herausforderungen zu wählen.

Es gibt schließlich noch eine weitere Veränderung gegenüber dem vorangegangenen Konklave: die seitdem fortgeschrittene Globalisierung. Auch im Kardinalskollegium spielt jetzt die internationale Komponente eine weitaus größere Rolle. Zwar hat der Anteil der Nichteuropäer unter den Papstwählern gegenüber 2005 sogar noch abgenommen – damals waren es 57, dieses Mal nur 55. Doch hat sich der Umgang miteinander verändert. Vor acht Jahren traten die Vertreter des Südens bisweilen recht aggressiv gegenüber den Europäern auf, unter anderem mit dem Vorwurf der Bevormundung. Das hat sich merklich verändert. So kann nach einem Pontifikat, in dem der Anteil der Europäer im Kardinalskollegium gestiegen, die Kurie stärker italienisch geprägt und der Zentralismus in der Kirche gewachsen ist, der erste Nichteuropäer seit der Spätantike zum Papst gewählt werden. Ein Mann, der europäische Wurzeln hat und in einer der europäischsten Städte Lateinamerikas aufgewachsen ist, in gewissem Sinn also eine Brücke schlägt zwischen den beiden Kontinenten. Ein Jesuit, der zu den Kirchenkreisen gehört, die bisweilen als kirchliches »Anti-Establishment« bezeichnet werden. Das sind im Kern die Gründe, die jenen Kardinal als den Mann der Stunde erscheinen ließen, der 2005 gegen Benedikt XVI. unterlegen war: Jorge Mario Kardinal Bergoglio.

EIN PAPST VOM ANDEREN ENDE DER WELT

Wer ist Jorge Mario Bergoglio?

D er neue Papst kommt vom anderen Ende der Welt: So beschreibt sich Franziskus selbst, als er am Abend seiner Wahl auf die Mittelloggia des Petersdoms tritt und sich zum ersten Mal den Gläubigen zeigt. In den Tagen davor war oft die Rede davon gewesen, die Kardinäle wollten einen Jüngeren wählen; doch nun steht dort ein 76-jähriger Argentinier mit italienischen Wurzeln. Den Kardinälen ist eine echte Überraschung gelungen.

Am 17. Dezember 1936 wird Jorge Mario Bergoglio in Buenos Aires als erstes von fünf Kindern geboren. Von seiner Familie lebt heute nur noch eine Schwester, Maria Elena. Ihre drei Geschwister Alberto Horacio, Oscar Adrian und Marta Regina sind bereits verstorben, ebenso der Vater Mario und die Mutter Regina Maria. Sie waren in den amerikanischen Boom-Jahren vor der Weltwirtschaftskrise mit ihren Eltern aus Italien nach Argentinien eingewandert, Mario Bergoglio 1929, Regina Maria Sivori schon einige Jahre früher. Sie lernten sich 1934 in einer heiligen Messe kennen. Ein Jahr später heirateten sie. Beide entstammen Familien aus dem Piemont, nahe Turin. Von dort suchten in dieser Zeit viele arme Bauern ihr Glück in der Neuen Welt, in Argentinien, dem Gelobten Land der Italiener in dieser Zeit. Die Großeltern Bergoglios gehörten zwar in der alten Heimat zur Mittelschicht, ließen sich aber von der Emigrationswelle mitreißen. Zumal die Familie väterlicherseits Ende der 1920er Jahre in ihrem Lebensmittelladen die aufkommende Krise spürte. Auch standen die Großeltern den neuen Machthabern Italiens kritisch gegenüber. Maria Elena bezeichnet Großmutter Rosa Margherita Bergoglio im Rückblick gegenüber Journalisten als eine Frau, die einmal in der Kirche ihres piemontesischen Heimatdorfs auf die Kanzel stieg und gegen den Diktator Benito Mussolini wetterte. Aus Protest gegen den italienischen Faschismus, so die Schwester des Papstes, seien ihre Großeltern damals ausgereist.

In der Calle Membrillar 1531 im Flores-Viertel von Buenos Aires steht das Geburtshaus Jorge Mario Bergoglios. In der Nachbarschaft sind auch Kindergarten und Schule, die er seinerzeit besuchte – und natürlich die kleine Gemeindekirche San José de Flores, in der seine Berufung zum Priester reifte. Heute lebt niemand mehr aus der Familie hier. Seine Schwester Maria Elena ist an den Stadtrand gezogen. Die Bergoglios lebten in einfachen Verhältnissen. Sie waren eine glückliche Familie, eine italienische Familie in Argentinien. Der Sonntag war heilig. Nach dem Gottesdienst in der Kirche San José de Flores gab es ein ausgiebiges Mittagessen, manchmal mit fünf, sechs oder sieben Gängen, dazu immer ein Dessert. Die Mutter war eine außergewöhnliche Köchin. Die Pasta wurde immer frisch gemacht. Beigebracht hatte ihr das die Großmutter.

Oft verbrachten die Kinder die Tage bei ihren Großeltern. Hier lernte Jorge Italienisch – genauer den piemontesischen Dialekt. Die Großeltern brachten den Kindern auch einige Lieder bei, die man in den Gaststätten Genuas zu singen pflegte. Der heutige Papst scherzt immer wieder, dass er die einzigen Worte, die er im Genueser Dialekt kenne, wegen ihrer Deftigkeit nicht wiedergeben könne. Die Großeltern waren es auch, die ihn in den christlichen Glauben einführten. In einem Radiointerview erzählte Bergoglio im November 2012, dass es seine Großmutter Rosa Margherita gewesen sei, die ihn das Beten gelehrt habe. »Sie hat mir viel beigebracht in Glaubensdingen und hat mir Heiligengeschichten erzählt.« Als Papst zitiert Franziskus sie in einer seiner ersten großen Messen, als er am Palmsonntag 2013 Gewinnsucht und Korruption kritisiert: »Meine Großmutter sagte zu uns Kindern: Das Totenhemd hat keine Taschen.« Noch als Kirchenoberhaupt hat Franziskus in seinem Brevier, dem Stundengebetbuch, ein kleines handschriftliches Testament seiner Großmutter, das diese ihren Enkeln hinterlassen hat. Es zeigt etwas von dem Glauben Rosa Margheritas, der auch die Frömmigkeit und Lebenshaltung Jorge Bergoglios bis ins Papstamt prägt: »Mögen meine Enkel, denen ich das Beste meines Herzens gegeben habe, ein langes und glückliches Leben haben. Sollte aber eines Tages Schmerz, Krankheit oder der Verlust einer geliebten Person sie mit Kummer erfüllen, mögen sie sich erinnern, dass ein Seufzer vor dem Tabernakel, wo sich der größte und erhabenste Märtyrer befindet, und ein Blick auf Maria am Fuße des Kreuzes wie ein Tropfen Balsam auf die tiefste und schmerzlichste Wunde sein können.«

Vater Mario war Buchhalter bei der Eisenbahngesellschaft und Ernährer der Familie. Er arbeitete viel, wurde aber schlecht bezahlt, da sein italienischer Abschluss in Argentinien nicht anerkannt wurde. Die Schwester des Papstes beschreibt den Vater als fröhlichen Menschen; ihr Bruder Jorge ähnele ihm in der Wesensart. Zornesausbrüche und körperliche Züchtigung der Kinder waren laut Maria Elena dem Vater fremd. Dies unterschied ihr Zuhause von den argentinischen Familien in ihrem Umfeld. Der Vater war zwar auch die unangefochtene Autorität, aber ohne jeden Anflug von *machismo*. In seine Frau war er sehr verliebt, berichtet die Tochter. Immer wieder machte er ihr kleine Geschenke. Manchmal brachte der Vater am Wochenende Arbeit mit nach Hause. Dann breitete er am Sonntag nach dem Mittagessen seine großen Bücher auf dem Tisch im Wohnzimmer aus, legte eine Schallplatte mit italienischer Musik auf, die das ganze Haus erfüllte, und arbeitete. Am Samstagnachmittag hörten die Kinder gemeinsam mit der Mutter Opern im Radio. In ihrem Bruder Jorge sieht Maria Elena etwas von beiden Elternteilen fortleben. Seine Begabung als Koch – exzellent seine gefüllten Flusskrebse mit Risotto – habe er von der Mutter geerbt, die

Liebe zum Fußball komme hingegen vom Vater. Jorge mag Opern und gelegentlich einen guten Tango, so seine Schwester, vor allem aber die Chansons von Edith Piaf.

Die Eltern hätten den Kindern einen besonderen Familiensinn eingepflanzt, erzählt Maria Elena: Ihr zwölf Jahre älterer Bruder Jorge war früher ihr Beschützer. Wenn sie ein Problem hatte, fand sie bei ihm immer ein offenes Ohr. Das blieb auch später so, in seiner Zeit bei den Jesuiten und als Erzbischof. Auch wenn er wenig Zeit für Besuche hatte, weil er in seinem Beruf – seiner Berufung – als Seelsorger völlig aufging, so telefonierten sie doch mindestens einmal die Woche. Von Jorge lernte Maria Elena nach eigenen Worten eine Gastfreundschaft, die keine Opfer scheut.

Als Jorge die Grundschule abgeschlossen hat, nimmt der Vater den 13-Jährigen beiseite und fordert ihn auf, für die Ferien eine Arbeit zu suchen. Der Junge ist zunächst überrascht, denn eigentlich hat die Familie alles zum Leben, auch wenn sie sich keinen Luxus wie ein Auto oder Urlaub leisten kann. Jorge beginnt in einer Fabrik zu arbeiten, die Strümpfe herstellt. Das macht er auch während der Schulzeit. Die ersten zwei Jahre arbeitet er als Reinigungskraft, dann in der Verwaltung. Mit fast 17 beginnt er eine Ausbildung zum Chemietechniker in der Lebensmittelbranche. Fortan arbeitet er vormittags von 7 bis 13 Uhr. Nach einer Stunde Pause zum Essen folgt die Schule bis 20 Uhr.

Für Jorge Mario Bergoglio ist diese Zeit der Arbeit im Rückblick wichtig. Hier habe er das Gute, aber auch das Brutale und Schlechte jeder menschlichen Aufgabe kennengelernt, erzählt er im Gespräch mit den Journalisten Sergio Rubin und Francesca Ambrogetti. Ein Mitschüler von damals, Néstor Carabajo, erinnert sich gegenüber Journalisten an die Zeit. Jorge sei besonders gut in Literatur und Religion gewesen. Er habe aber nicht nur ans Studieren gedacht: Der Montagnachmittag war ihm heilig für den Fußball. Zunächst tauschte man sich über die Spiele vom Sonntag aus, berichtet Carabajo, dann wurde selbst gespielt – im Fall von Bergoglio sogar ganz ordentlich. »Das ein oder andere Fenster hat auch er getroffen«, sagt sein Schulkamerad. Jorge blieb ein begeisterter Fußballfan. Früh entdeckte er seine Liebe für »San Lorenzo de Almagro«, einen kleinen Stadtteilclub von Buenos Aires, benannt nach einem Priester, der die Jungs aus der Nachbarschaft auf dem Kirchhof kicken ließ. Bergoglio ist noch heute Mitglied des Clubs, dessen Fans sich »Raben« nennen. Seine Mitgliedskarte trägt die Nummer 88235N. Noch bis zu seiner Wahl zum Papst verfolgte er die Spiele seiner Mannschaft am Radio. Gleich nach dem Konklave ließ der Verein auf seinen blau-rot gestreiften Trikots ein Papstbild anbringen; prompt siegte die Mannschaft im nächsten Spiel gegen den Konkurrenten Santa Fe. Bald traf in Rom auch ein Club-Shirt in den Vereinsfarben für den Papst ein. Auf der Vorderseite ist das Vereinswappen mit einem »Heiligenschein« aus den Worten »Papst Franziskus, wir beten für Sie; beten Sie für uns«. Auf dem Rücken prangt groß »Francisco«.

Kaum hat Jorge seine Ausbildung begonnen, erlebt er einen denkwürdigen Tag. Es ist der 21. September 1953, Frühlingsanfang in Argentinien. Er hat sich wie üblich mit seinen Freunden zum Picknick verabredet. Der fast 17-Jährige beginnt den Tag mit einem Besuch in der Pfarrkirche San José de Flores. Für den tiefgläubigen Jorge ist das nichts Besonderes. Doch er trifft dort auf einen jungen Priester, den er noch nie zuvor gesehen hatte, der ihn aber aufgrund seiner tiefen Spiritualität beeindruckt. Er beschließt, bei dem Unbekannten zu beichten.

Ein Moment, der sein Leben verändern wird, der Augenblick, in dem ihm seine Berufung bewusst wird. Im Gespräch mit Rubin und Ambrogetti erinnert er sich später: »Es war die Überraschung, das maßlose Erstaunen über eine wirkliche Begegnung. Ich merkte, dass ich erwartet wurde. Das ist die religiöse Erfahrung: das Erstaunen darüber, jemandem zu begegnen, der dich erwartet. Von diesem Zeitpunkt an ist es Gott, der einen mit einer Ausschließlichkeit umwirbt, wie es sie nur in der ersten Liebe gibt.« Nach der Beichte geht er nicht wie geplant mit seinen Freunden den »Tag der Studenten« feiern, sondern nach Hause. Er spricht mit niemandem über seine Erfahrung, tritt auch nicht sofort ins Priesterseminar ein. Diesen Schritt macht er erst drei Jahre später. Er schließt zunächst seine Ausbildung zum Chemietechniker ab.

Mit 20 eröffnet er seinen Eltern, dass er Priester werden möchte. Bergoglio selbst berichtet später, dass die Mutter seine Entscheidung über viele Jahre nicht akzeptiert habe, obwohl sie eine tief religiöse Frau gewesen sei. Die erste Zeit habe sie ihn auch nicht im Seminar besucht. Der Vater hingegen habe die Nachricht mit Stolz aufgenommen. Damals, so erzählt Schwester Maria Elena, gab es wohl auch eine Freundin. Jorge habe ihr gegenüber oft von einem Mädchen gesprochen, ohne aber den Namen zu verraten. Ein Freund berichtet aus diesen Jahren, dass sie eine enge Clique gewesen seien, Jungs und Mädchen, die viel gemeinsam unternommen und einen ungezwungenen Umgang miteinander gepflegt hätten. »Irgendwie waren wir alle wie verlobt miteinander«, so Lorenzo Vecchiarelli.

Bergoglio tritt 1956 zunächst ins Priesterseminar des Erzbistums Buenos Aires ein. In dieser Zeit, so erzählt er später, verliebte er sich in eine junge Frau. Kurz habe er überlegt, aus dem Seminar auszutreten; doch dann habe er gespürt, dass seine Berufung stärker sei. Bergoglio sah darin auch im Rückblick kein Problem: Unnormal sei es eher, wenn dies einem Priester nicht passieren würde. Schon bald reift in dem jungen Mann der Wunsch, Jesuit zu werden. Das fortschrittliche Denken der Gesellschaft Jesu, verbunden mit Gehorsam und Disziplin, fasziniert ihn. Im Alter von 21 Jahren beginnt Bergoglio am 11. März 1958 das Noviziat bei der Gesellschaft Jesu. Kurz danach erkrankt er schwer. Ein Teil seines rechten Lungenflügels muss entfernt werden. Diese gesundheitliche Beeinträchtigung ist der Grund, weshalb er später nicht als Missionar nach Japan gehen konnte, erzählt Bergoglio im Gespräch mit Sergio Rubin und Franca Ambrogetti. Dabei ist das einer seiner großen Träume, als er sich entscheidet, in den Jesuitenorden einzutreten. Immerhin wird er später für einige Wochen mit dem heutigen General der Jesuiten, Adolfo Nicolás, Japan besuchen. Aber mehr als ein kurzer Studienaufenthalt wird daraus nicht.

Die Ordensausbildung führt den jungen Jesuiten zunächst nach Chile, wo er Human- und Geisteswissenschaften studiert. 1963 kehrt er nach Buenos Aires zurück und macht seinen Abschluss in Philosophie am Kolleg »San José« in San Miguel. Von 1964 bis 1966 unterrichtet er als Dozent für Literatur, Psychologie und Kunst zunächst im Seminar in Santa Fe und später in Buenos Aires. Studenten aus dieser Zeit berichten, wie er immer wieder zeitgenössische Literaten in seine Seminare einlud, etwa die Schriftstellerinnen Maria Esther de Miguel und Maria Esther Vazquez sowie 1965 den Schriftsteller Jorge Luis Borges, mit dem ihn eine lange Freundschaft verband. Bergoglio ist belesen. Hölderlin gehört zu seinen Lieblingsdichtern. In seinen Predigten finden sich nicht nur Zitate von Borges, sondern auch Dostojewski kommt oft vor. Auch Dantes »Göttliche Komödie« und Manzonis »Die Verlobten« zählen zu den Lieblingswerken Bergoglios. Vielleicht etwas ungewöhnlich ist es, wenn er Tolkien zitiert und erklärt, dieser stelle in Bilbo und Frodo das Bild des Menschen dar, der dazu berufen sei, zu gehen. Tolkiens Heroen erlebten beim Gehen das Drama der Wahl zwischen dem Guten und dem Bösen. Wer denkt da nicht an die erste Predigt Bergoglios als Papst bei der Messe mit den Kardinälen in der Sixtinischen Kapelle am 14. März 2013, wo er vom Gehen als einer der Grunddimensionen der Kirche spricht. Ab 1967 studiert Jorge Mario Bergoglio Theologie am Kolleg »San José« in San Miguel und schließt, wie schon in der Philosophie, mit dem Laureat ab. Kurz vorher weiht ihn am 13. Dezember 1969 der Erzbischof von Buenos Aires, Ramón José Castellano, zum Priester. Es folgt das Terziat, eine im Jesuitenorden übliche Zeit der Prüfung, in der sich die Kandidaten intensiv mit den spirituellen Grundlagen des

Ordens auseinandersetzen sowie seelsorgliche Erfahrungen in unterschiedlichen Bereichen sammeln, bevor sie die »Letzten Gelübde« ablegen. Bergoglio verbringt Teile des Terziats in Alcalá de Henares in Spanien. Am 22. April 1973 verspricht er feierlich, auf immer im Jesuitenorden zu bleiben.

Ein Jahr zuvor wurde er bereits zum Novizenmeister berufen und begann seine Lehrtätigkeit an der Theologischen Fakultät am Kolleg in San Miguel. Zugleich übernahm er Leitungsaufgaben als Provinzkonsultor und Rektor des Kollegs. Bergoglio macht eine steile Karriere. Am 31. Juli 1973 wird er zum Provinzial der Jesuiten in Argentinien ernannt. Mit nur 36 Jahren ist er oberster Jesuit seines Heimatlandes. Was ihn in den Augen seiner Mitbrüder dazu befähigt, sind sein Intellekt sowie seine Gabe, Menschen zu führen und Brücken zwischen gegensätzlichen Positionen zu schlagen – all dies aus einer tiefen Verwurzelung im christlichen Glauben. Jetzt und künftig fasziniert Bergoglio seine Umgebung durch eine Haltung, mit der er keinerlei Wert auf Status legt, sich als einfaches Mitglied in Gruppen einfügt und zugleich Führungsverantwortung wahrnimmt. Dennoch überschatten seine Zeit als Provinzial zwei Auseinandersetzungen, auf die noch später einzugehen ist: die Militärdiktatur in Argentinien sowie das Ringen um die Theologie der Befreiung.

Bergoglios Amtszeit als Provinzial endet 1979. Kurz zuvor lernt ihn Guillermo Ortiz kennen. Er will Jesuit werden. Bergoglio hat noch in seiner Leitungsfunktion eine große Berufungskampagne gestartet. Anfang der 1980er Jahre, so berichtet Ortiz, zählte das Seminar der Jesuiten in San Miguel über 100 Interessenten. Zu ihnen gehörte Ortiz, heute Mitarbeiter von Radio Vatikan in Rom. Er erlebte Pater Bergoglio als Rektor des Colegio Máximo, das dieser nach seiner Zeit als Provinzial von 1980 bis 1986 leitet. Bergoglio habe großen Wert darauf gelegt, dass die Seminaristen möglichst jeden Tag in den Pfarreien der Stadt unterwegs waren. Morgens habe er mit strengem Blick vom Fenster aus beobachtet, wie die Priesteranwärter loszogen, und vor dem Abendessen habe keiner zurückkehren dürfen. Am Abend war Studium angesagt. Für Bergoglio als Ausbildungsleiter galt nach den Worten von Ortiz schon damals das Prinzip, das er auch in den ersten Tagen als Papst propagiert: Der Platz der Priester ist an der Seite der Menschen. Auch als Rektor arbeitete Bergoglio stets selbst in einer Pfarrei mit, half in der Sakristei, saß im Beichtstuhl. Vor allem aber ging er zu den Menschen, besuchte Kranke und Gefangene und kümmerte sich um Probleme des Alltags. Dies galt auch für das Seminarleben selbst: Oft, so erzählt Ortiz, traf man Bergoglio in der Waschküche, wo er wie alle anderen seine Wäsche selbst wusch.

Im März 1986 kommt Pater Bergoglio für einige Wochen nach Deutschland. Er will Deutsch lernen, um seine Studien fortsetzen zu können. Er forscht über das Werk des deutschen Theologen und Philosophen Romano Guardini (1885-1968). Nach einigen Wochen in der Nähe von Koblenz hält er sich mehrere Monate an der Philosophisch-Theologischen Hochschule der Jesuiten in Sankt Georgen bei Frankfurt auf. In Sankt Georgen berät sich Bergoglio mit Professoren über ein Promotionsprojekt zu Guardini, das aber nie zum Abschluss kommt. Er beschäftigt sich mit Guardinis Werk »Die Macht, Versuch einer Wegweisung«. Guardini sieht Macht als notwendig an; doch fordert er vor dem Hintergrund des Machtmissbrauchs im Nationalsozialismus eine »Bändigung« der Macht. Beschäftigt Bergoglio das Thema angesichts der eigenen Erfahrungen in der Militärdiktatur in Argentinien? Was interessierte Bergoglio darüber hinaus an dem Theologen und Wegbereiter der kirchlichen Erneuerung im 20. Jahrhundert? »Die Kirche erwacht in den Seelen.« Diesen Satz hatte Guardini Anfang der 1920er Jahre geprägt. Er kritisierte zugleich eine Kirche, die nur Organisation und nicht mehr wirklich Gemeinschaft von Glaubenden war. In diesem Sinne hatte auch Benedikt XVI. in seiner Abschiedsrede an die Kardinäle am 28. Februar 2013 Romano Guardini zitiert: »Kirche ist keine erdachte und konstruierte Institution [, und sei diese noch so weise und mächtig], sondern ein lebendiges

Wesen [; aus einem Geschehnis hervorgegangen, das göttlich und menschlich zugleich ist, dem Pfingstereignis]. Sie lebt durch die Zeit weiter; werdend, wie alles Lebendige wird; sich wandelnd [, wie alles Geschichtliche sich in Zeit und Schicksal wandelt –] dennoch im Wesen immer die gleiche, und ihr Innerstes ist Christus.« Pater Bergoglio lebt diese Gedanken Guardinis. Er versucht den Brückenschlag zwischen realer moderner Lebenswelt und dem christlichen Glauben. Seine in Deutschland erworbenen Sprachkenntnisse hat Bergoglio übrigens im Laufe der Jahre teilweise wieder verloren. Aber er versteht Deutsch noch sehr gut. Ähnlich ist es mit Französisch und Englisch. Er spricht neben seiner Muttersprache Spanisch perfekt Italienisch.

Nach seiner Rückkehr in die Heimat arbeitet er am Erlöser-Seminar und an der Pfarreikirche der Jesuiten in Córdoba. Aus Deutschland nahm Bergoglio ein kleines Bild mit nach Argentinien: eine Darstellung des barocken Gnadenbildes »Maria Knotenlöserin« von Johann Georg Melchior Schmidtner (1625-1705). Bergoglio hatte das Gemälde beim Besuch seiner Jesuitenbrüder in Augsburg gesehen. Es hängt dort in der Wallfahrtskirche St. Peter am Perlach. Eine jugendliche Muttergottes löst Verknotungen eines langen Bandes, das von zwei Engeln gehalten wird. Der Großvater des Stifters soll seinerzeit bei einem Jesuiten um Rat in einer Ehekrise nachgefragt haben. Der Pater wiederum betete zur Muttergottes, sie solle die Knoten des Ehebandes entwirren und glätten. Angeblich geschah es so; die Ehe wurde gerettet. Das von Bergoglio mitgebrachte Motiv fand in Argentinien regen Anklang, so dass man eine Kopie des Bildes anfertigen ließ. Es hängt heute in der Kirche San José de Talar in Buenos Aires. Jeden 8. eines Monats pilgern Zehntausende zu der Kirche und bitten um Hilfe bei Problemen, nicht nur in Ehefragen.

Knapp sechs Jahre arbeitet Pater Bergoglio als Seelsorger in Córdoba. In der Zeit wird der Erzbischof von Buenos Aires, Antonio Kardinal Quarracino auf ihn aufmerksam. Auf dessen Bitte hin ernennt Papst Johannes Paul II. Bergoglio am

20. Mai 1992 zum Weihbischof von Buenos Aires. Am 27. Juni ist die Bischofsweihe in der Kathedrale der argentinischen Hauptstadt. Ein Jahr später macht Quarracino ihn zu seinem Generalvikar. 1997 wird Bergoglio zum Koadjutor mit Recht auf Nachfolge ernannt. Als Kardinal Antonio Quarracino am 28. Februar 1998 stirbt, wird Bergoglio automatisch Erzbischof von Buenos Aires. Fast auf den Tag genau drei Jahre später nimmt Papst Johannes Paul II. ihn am 21. Februar 2001 ins Kardinalskollegium auf. Bergoglios Schwester Maria Elena berichtet von einer Begebenheit am Tag vor der Kardinalserhebung: Damals habe ein anderer neuer Purpurträger Bergoglio gefragt, ob er schon die Limousine ausgewählt habe, mit der er am nächsten Tag in den Vatikan fahren werde. Darauf habe er geantwortet: »Klar, was für eine Frage!« Tags darauf, so Maria Elena, »sind wir zu Fuß durch halb Rom zum Vatikan gelaufen, wie mein Bruder das immer gemacht hat. Er mit seinen Plattfüßen, die ihm immer Schmerzen bereiten.« Als Kardinal wird Bergoglio Mitglied in verschiedenen vatikanischen Dikasterien, unter anderem in den Kongregationen für den Klerus, für Gottesdienst und Sakramentenordnung sowie für die Orden und im Päpstlichen Rat für die Familie. Im November 2005 wird Kardinal Bergoglio zum Vorsitzenden der Argentinischen Bischofskonferenz gewählt und 2008 für weitere drei Jahre im Amt bestätigt.

Als Erzbischof von Buenos Aires ist Jorge Mario Bergoglio Primas Argentiniens, des nach Brasilien zweitgrößten Landes Lateinamerikas. 60 Prozent der rund 39 Millionen Einwohner leben in städtischen Gebieten. In der Hauptstadt Buenos Aires wie in den anderen großen Metropolen des Landes gibt es modern ausgebaute Stadtteile mit Villenvierteln, in denen englischer Rasen mit Wasser besprengt wird, und zugleich riesige Armen- und Elendsviertel, in denen es kein sauberes Trinkwasser gibt. Knapp 20 Prozent der Bevölkerung leben nach offiziellen Angaben unter der Armutsgrenze. 94 Prozent der Argentinier sind katholisch. Das Erzbistum Buenos

Aires ist mit mehr als 2,5 Millionen Katholiken das größte Bistum des Landes. In rund 270 Pfarreien und Missionsstationen arbeiten dort knapp 900 Priester und 2300 Ordensleute. Die Priester im Erzbistum schätzen ihren Bischof. Er hat immer ein offenes Ohr für sie. Hat einer der Kleriker ein Problem, ruft er bei Erzbischof Bergoglio an, und der kümmert sich persönlich darum. Bis dahin, dass er Krankheitsvertretungen für Priester in den Gemeinden macht. Aber nicht nur um die Priester und Kirchenmitarbeiter kümmert sich der Erzbischof persönlich. Jeder findet mit seinen Sorgen eine offene Tür bei ihm.

So traf er sich nach einem Diskothekenbrand in Buenos Aires im Dezember 2004 mit Angehörigen der 194 meist jungen Todesopfern. José Iglesias, Vater eines ums Leben gekommenen jungen Mannes, erzählt Journalisten, Bergoglio habe den Eltern seine Telefonnummer gegeben und sie aufgefordert, jederzeit anzurufen, wenn sie Hilfe brauchten. Zum Jahrestag des Unglücks feierte er laut Iglesias stets einen bewegenden Gedenkgottesdienst, zuletzt im Dezember 2012. Ähnlich nach einem Zugunglück im Februar 2012: Bergoglio besuchte Verletzte in den Krankenhäusern, allen Familien der 52 Toten schrieb er einen persönlichen, handschriftlichen Brief, wie Paolo Menghini den Journalisten berichtet, Vater eines der Opfer. Zu einer Trauerfeier wenige Wochen nach der Katastrophe kamen Katholiken, Angehörige anderer Glaubensrichtungen sowie Nichtglaubende in die Kathedrale. Nach dem Gottesdienst umarmte Bergoglio jeden Einzelnen, erzählt Menghini: »Er hat uns das Gefühl vermittelt, angenommen, verstanden und geliebt zu sein.«

Der Beispiele gibt es mehr. Seit 2008 feierte Kardinal Bergoglio jedes Jahr einen Gottesdienst für die »Opfer von Menschenhandel«, mitten in der Stadt auf der Plaza Constitución vor dem Hauptbahnhof von Buenos Aires. Mit dabei waren Einwanderer ohne Papiere, Mütter mit ihren Töchtern, die in die Prostitution gezwungen worden waren. Bergoglio wollte ihnen auf diesem Weg Aufmerksamkeit verschaffen und Hoffnung geben. Er beließ es nicht bei liturgischen Feiern. Der Kardinal unterstützte persönlich unter anderem die Stiftung Alameda, ein Projekt für Menschen auf der Straße. Den Verantwortlichen Gustavo Vera rief Bergoglio elf Tage nach seiner Wahl zum Papst auf dem Handy an, um ihm wie jedes Jahr zum Geburtstag zu gratulieren. Mit Vera ist er seit 2008 freundschaftlich verbunden; damals war die Stiftung unter Druck geraten. Nach rund sieben Jahren erfolgreichen Engagements gegen Sklavenarbeit und Menschenhandel wurden Mitarbeiter zunehmend von den kriminellen Hintermännern bedroht. In ihrer Verzweiflung wandten sie sich an Erzbischof Bergoglio. Sie hatten gehört, dass er in seinen Predigten immer wieder die »Plage der modernen Sklaverei« beklagt hatte. Vera hatte wenig Hoffnung, dass Bergoglio sich auf ihren Brief melden würde. Doch schon eine Woche später bekamen sie eine Einladung zum Gespräch. Zu Beginn des Treffens wies Vera darauf hin, dass sie keine katholische Organisation sind. Die Antwort des Erzbischofs: »Das spielt keine Rolle. Wie kann ich euch helfen?« Wenige Wochen darauf feierte Bergoglio in der Kirche Nuestra Senora de los Emigrantes einen Gottesdienst und demonstrierte damit öffentlich seine Unterstützung für die Arbeit von Alameda.

An den Abenden konnte man Bergoglio oft in den Straßen der Metropole antreffen. Der Erzbischof besaß keinen Fernseher. Wenn sich die Stadt allmählich von Passanten leerte und die Arbeitslosen und Obdachlosen kamen, um in Abfällen nach Essbarem zu suchen oder aus Kartons eine Nachtbleibe einzurichten, dann war Bergoglio unterwegs, suchte ihr Gespräch und trank mit ihnen mitgebrachten Mate-Tee. »Ein Schluck für dich, einer für mich«, sagte er dann, »wie gute Brüder!«

Bergoglio ist ein lächelnder, herzlicher Mensch. Doch seine innersten Gefühle zeigt er ungern. »Wir sind eben Norditaliener«, so seine Schwester Maria Elena, »die Gefühle sind zwar tief, aber sie bleiben im Innern.« Ähnlich schildert es einer seiner Jugendfreunde, Lorenzo Vecchiarelli, gegenüber Journalisten: Jorge Bergoglio habe einen empfindsamen Charakter; zugleich sei er aber auch sehr ernst und streng. Im persönlichen Umgang ist Bergoglio unkompliziert und hat keine Berührungsängste. Selbst bei offiziellen Anlässen schafft er es, mit einem für einen Bischof vielleicht ungewöhnlichen Small Talk mit Menschen ins Gespräch zu kommen. So berichtet der Rabbiner Abraham Skorka gegenüber Journalisten von seiner ersten Begegnung mit »Don Jorge«, wie er ihn nennt: Am Rande einer Nationalfeier in Argentinien in den 90er Jahren sei der damalige Weihbischof Bergoglio auf ihn zugekommen und habe ihn nach seinem Lieblingsfußballclub gefragt. So habe Bergoglio es geschafft, das steife Protokoll zu durchbrechen. Das Problem sei nur gewesen, fügt Skorka scherzhaft hinzu, dass sie für unterschiedliche Vereine waren – er für die River Plates und Bergoglio für San Lorenzo.

Bergoglio hat eine einfache Sprache, die aber von Herzen kommt. Oft spricht er frei. Seine Texte schrieb er früher auf einer alten Schreibmaschine. Computer und E-Mail nutzt er nicht. Allerdings ist er offen für die neuen Kommunikationsmittel: Er richtete ein Diözesanfernsehen ein und ist auf Twitter vertreten. Erst kurz vor dem Konklave gab er sein Okay für eine Web-Pfarrei, um als Kirche im Internet präsent zu sein. Auch sein Führungsstil wirkt modern: Er delegiert, gibt aber die Letztverantwortung nicht aus der Hand. »Ja-Sager« sind nicht unbedingt sein Typ. Gerne umgibt er sich mit Leuten, die auch eine eigene Position vertreten, selbst wenn sie mit der seinen nicht übereinstimmt. Seine Mitarbeiter schreiben ihm die Fähigkeit zum »Multitasking« zu. In Argentinien nennt man so jemanden einen »Orchestermann« – einen, der gleichzeitig Klavier, Trompete und Violine spielen kann. Genau diese Fähigkeiten und seine Art zu führen schufen Bergoglio die Freiräume, das zu tun, was er als ureigenste Aufgabe eines Bischofs sah: Hirte zu sein. Wichtig ist für ihn, dass eine Person für ihre Aufgabe qualifiziert ist. Auch legt er Wert auf kurze Dienstwege: Mitarbeiter sollten bei schriftlichen Eingaben zu einem Problem oder einer Entscheidung immer auch ihre Telefonnummer vermerken. Oft griff Bergoglio dann selbst zum Hörer, um mit dem Betreffenden das Problem direkt zu erörtern. Das Bestehen auf einem direkten Draht in seiner Rolle als Papst nimmt mitunter skurrile Züge an: So rief Franziskus den Kioskbesitzer in der Nähe der Kathedrale von Buenos Aires persönlich an, um ihm mitzuteilen, dass er sein Zeitungsabonnement nun nicht mehr benötige. Am Morgen nach seiner Wahl erschien er in der römischen Kleriker-Herberge, in der er vor dem Konklave gewohnt hatte, und wünschte seine Rechnung zu begleichen. Mehrfach verwirrte er die Mitarbeiter an den Telefonzentralen römischer Ordenshäuser, weil er einfach selbst persönlich dort anrief, wenn er jemanden sprechen wollte. Stets meldete er sich mit einem schlichten »Hallo, hier ist Bergoglio.« Schon durch diese direkte Art bringt Bergoglio alt eingefahrene Strukturen und Hierarchien ins Wanken.

Auch als Erzbischof von Buenos Aires lebte Bergoglio bescheiden. Eine kleine Wohnung hinter der Kathedrale mit wenigen Zimmern war sein Zuhause. Einen Fahrer hatte er nicht; den hatte er bereits als Provinzial der Jesuiten abgelehnt. Nach Erzählungen seiner Mitbrüder fuhr er meist selbst. Als Erzbischof nutzte er Metro und Bus. Als er einmal im »Collectivo«, wie der Bus in Buenos Aires genannt wird, zu einem Gottesdienst in der Pfarrei des Viertels »Villa 21« unterwegs ist, bemerken ihn Arbeiter, die ebenfalls mit der Linie 70 fahren und kurz darauf an der Messe teilnehmen. Am Ende des Gottesdienstes steht einer von ihnen auf und sagt: »Pater, Sie sind heute mit uns im Bus hierhergekommen. Ich möchte Ihnen nur sagen, dass Sie ab jetzt ein Teil unserer Gemeinschaft sind.« Nach der Papstwahl werden Bewohner des Viertels in den Medien mit den Worten zitiert, wenn Pater Bergoglio seinem Stil auch im Vatikan treu bleibe, sei das schon eine »historische Revolution«.

Verantwortung in schwerer Zeit
Pater Bergoglio und die Militärdiktatur

Mit nur 36 Jahren wird Jorge Bergoglio 1973 Provinzial der Jesuiten in Argentinien. Es ist ein rasanter Aufstieg, den der stille, bescheidene Intellektuelle in seinem Orden macht. Gerade einmal 15 Jahre zuvor ist er in die Gesellschaft Jesu eingetreten. Seine Letzten Gelübde hat er erst vor einem Vierteljahr abgelegt. In einer schweren Zeit trägt er Verantwortung für rund 230 Jesuiten und eine große Zahl von Studenten und Mitarbeitern in den Einrichtungen des Ordens. Sein damaliges Verhalten löst noch nach seiner Wahl zum Papst kontroverse Diskussionen aus. Dabei scheint es wichtig, drei Themenfelder zu unterscheiden: das Verhalten der katholischen Hierarchie während der Militärdiktatur von 1976 bis 1983, das Verhalten Pater Bergoglios und die Aufarbeitung des kirchlichen Handelns in der Diktaturzeit nach 1983.

Als Bergoglio im Juli 1973 Provinzial wird, durchlebt Argentinien politisch instabile Zeiten. Die rechtskonservative Militärdiktatur unter Juan Carlos Onganía steht vor dem Ende. Juan Domingo Perón kommt zurück und wird im Oktober 1973 wieder Präsident. Das Land findet für kurze Zeit in eine Phase demokratischer Verhältnisse zurück. Nach dem Tod Peróns im Juli 1974 übernimmt seine Frau Isabel das Präsidentenamt. Doch es gelingt ihr nicht, das Land in eine stabile Demokratie zu führen. Paramilitärische Gruppen gewinnen an Einfluss, wirtschaftliche Probleme und eine steigende Inflation lähmen zunehmend das Land. Am 24. März

1976 kommt es erneut zu einem Militärputsch. General Jorge Rafael Videla übernimmt das Amt des Staatspräsidenten. Eine Zeit offenen Staatsterrors beginnt. In den ersten Jahren verschwinden bis zu 30 000 Menschen. Die sogenannten »Desaparecidos« (Verschwundenen) werden von Militärs ohne Angaben von Gründen verhaftet, in Gefangenenlagern gefoltert und zum Teil aus Flugzeugen über dem Rio de la Plata oder dem offenen Meer abgeworfen. Unter den Opfern befinden sich unzählige Studenten. Ihre Mütter demonstrieren bis heute regelmäßig auf dem zentralen Platz vor dem Regierungsgebäude in Buenos Aires; bekannt als »Madres de Plaza de Mayo«, verlangen sie noch immer Aufklärung über das Schicksal ihrer verschwundenen Söhne und Töchter. Erst 1983, nachdem die Militärdiktatoren im Krieg um die Falklandinseln Großbritannien unterlegen sind, kehrt Argentinien zur Demokratie zurück. Am 30. Oktober 1983 finden Präsidentschaftswahlen statt. Doch eine Aufarbeitung der Militärdiktatur erschweren vor allem zwei Gesetze: das sogenannte »Schlusspunktgesetz«, das Prozesse gegen Guerilla- und Militärangehörige verhindert, sowie das »Gehorsamspflichtgesetz«, das alle Personen vor Strafverfolgung schützt, die auf Befehl gehandelt haben. Erst unter der Regierung Néstor Carlos Kirchner werden diese beiden Gesetze 2004 abgeschafft und der Weg für eine ordentliche Aufarbeitung frei gemacht.

Argentinien ist ein katholisches Land. Noch immer sind 94 Prozent der Bevölkerung katholisch. Das Wort der Kirche hat Gewicht. In den 70er und 80er Jahren des vergangenen Jahrhunderts galt das umso mehr. Die Verantwortung der Kirche zur Zeit der Militärdiktatur wiegt damit umso schwerer. Obwohl die Quellenlage nach wie vor schwierig ist, lässt sich eine Kollaboration eines großen Teils der argentinischen Bischöfe mit den Militärs nicht leugnen. Zwischen den katholischen Eliten und der Militärjunta bestanden enge Verflechtungen. Diktator Videla und seine Schergen verstanden sich als gute Katholiken und gaben vor, mit ihrem Kampf gegen den Kommunismus die Nation und den Katholizismus zu retten. Dass sie sich auf die Tradition der »katholischen Nation« beriefen, weckte bei jenen Teilen der kirchlichen Hierarchie Zustimmung, die sich eine Stärkung des Nationalkatholizismus und Unterstützung im Kampf gegen kommunistische Tendenzen auch innerhalb der Kirche versprachen. Nicht zu vergessen sind die harten innerkirchlichen Auseinandersetzungen im Nachgang zum Zweiten Vatikanischen Konzil (1962-1965) und zum Treffen der lateinamerikanischen Bischöfe 1968 in Medellín. Konservative Bischöfe, unterstützt von katholischen Eliten, sahen in der Öffnung des Konzils zur Moderne und seiner Anerkennung von Freiheitsrechten sowie der in Medellín formulierten Option für die Armen eine Gefahr. Sie hofften auf eine Chance, ein restatuatives Kirchenverständnis durchzusetzen, das Einheit und hierarchische Ordnung garantierte. Die drei Vorsitzenden der Bischofskonferenz, die während der Diktatur amtierten – Kardinal Raúl Primatesta, Kardinal Juan Carlos Aramburu sowie Erzbischof Adolfo Tortolo –, hatten enge Kontakte zu Diktator Videla. Tortolo war zugleich Militärvikar. Viele der Militärseelsorger rechtfertigten das Handeln der Armee und nutzten ihre Stellung aus, um den Machthabern in die Hände zu spielen. So wirkte der deutschstämmige katholische Priester Christian von Wernich als Kaplan im Rang eines Polizeioffiziers in geheimen Folterlagern an Verhören mit. Er war Beichtvater und enger Vertrauter von Ramón Camps, Sicherheitschef und einer der Hauptverantwortlichen für die Verbrechen der Junta. Von Wernich rechtfertigte sein Handeln und die Folter später mit dem Kampf gegen die Guerilla. 2007 wurde er zu lebenslanger Haft verurteilt. Unbestritten steht die Bischofskonferenz in Argentinien im Rückblick in keinem guten Licht da. Die Bischöfe im benachbarten Chile beispielsweise verhielten sich gegenüber der Diktatur Augusto Pinochets deutlich kritischer.

Die katholische Kirche in Argentinien ist aber auch eine Kirche der Märtyrer. Zahlreiche Priester, Ordensleute und auch engagierte Laien ließen ihr Leben, weil sie Aufklärung über Verschwundene suchten und sich für gerechtere soziale Verhältnisse einsetzten. Im Episkopat gab es vereinzelte Vertreter, die sich offen gegen die Militärjunta aussprachen. Einer der Prominentesten war Enrique Angelelli, Bischof von La Rioja. Er unterstützte die Landarbeiterbewegung und setzte sich für eine Erneuerung der Kirche im Sinne des Zweiten Vatikanischen Konzils ein. Dabei stellte er sich auch gegen die Militärs. Am 4. August 1976, nur knapp fünf Monate nach dem Putsch, starb er bei einem Autounfall. Staatliche und kirchliche Stellen sprachen lange von einem Unglück. Erst 1986 stellte ein Gericht fest, dass es Mord war. Angelelli und seine Mitstreiter wie die Bischöfe von Neuquén und Viedma, Jaime Francisco de Nevares und Miguel Hesayne, gehörten zu den wenigen in der argentinischen Bischofskonferenz, die offen gegen das Regime auftraten. Daneben gab es eine breite Mitte, die sich vor allem um das kirchliche Leben kümmerte und jedwede politische Positionierung der Kirche für nicht angebracht hielt. Es war daher schwierig, in der Bischofskonferenz eine einheitliche Linie gegen das Regime zustande zu bringen.

In diesem Kontext agierte Jorge Mario Bergoglio als Jesuitenoberer. In der Diskussion seit seiner Wahl zum Papst geht es vor allem um zwei Punkte: Hat er als Provinzial genug zum Schutz seiner Mitbrüder unternommen oder im Gegenteil mit den Machthabern zusammengearbeitet? Und: Was wusste Bergoglio vom Kinderraub in der Juntazeit, der systematischen Wegnahme der Neugeborenen von Regimegegnerinnen, die in der Haft niederkamen? Kurz vor dem Konklave 2005 erschienen Medienberichte, wonach Jorge Mario Bergoglio mit den Militärmachthabern zusammengearbeitet habe. Ein Menschenrechtsanwalt warf Bergoglio außerdem vor, in die Entführung zweier Priester 1976 verwickelt gewesen zu sein. Der Anwalt reichte im April 2005 Anklage bei einem Gericht in Buenos Aires ein. Acht Jahre später wurde der Fall der beiden Jesuitenpriester noch einmal Streitpunkt in der Diskussion um das Verhalten des neuen Papstes in der Diktatur. Entsprechende Vorwürfe wurden vor allem von dem Journalisten Horacio Verbitsky vorgetragen. Verbitsky, Mitarbeiter der regierungsnahen Tageszeitung »Pagina 12«, beschäftigte sich seit Jahren mit der Rolle der Kirche während der Junta-Zeit. Schon in seinem 2005 veröffentlichten Buch »Das Schweigen« warf er Bergoglio vor, die beiden Jesuiten den Militärs letztlich ausgeliefert zu haben. Bergoglio bestritt dies. Seine Version der Ereignisse um die Ordensmänner Orlando Yorio und Franz Jalics schilderte er unter anderem in dem biografischen Gesprächsband »El Jesuita« der Journalisten Sergio Rubin und Francesca Ambrogetti sowie in einer Zeugenvernehmung im November 2010 in Buenos Aires.

Bergoglio lernte die beiden Jesuiten Yorio und Jalics Anfang der 60er Jahre im Seminar San José in San Miguel kennen. Sie waren dort als Professoren tätig. Überzeugt von der »Option für die Armen«, die spätestens seit Ende der 60er Jahre auch offiziell Maxime des kirchlichen Engagements in Lateinamerika war, wirkten die beiden Patres ab 1974 im Elendsviertel Bajo Flores in Buenos Aires. Damals wurden Vorwürfe laut, Priester dieser Armensiedlungen verbreiteten kommunistisches Gedankengut und schürten Proteste. Obwohl die beiden Jesuiten sich an derartigen Aktionen nicht beteiligten, gerieten sie ins Visier der Militärs. Bergoglio erklärte später, angesichts sich verdichtender Putschgerüchte im März 1976 habe er den zwei Mitbrüdern Schutz im Ordenshaus angeboten und, da sie das ablehnten, sie zu äußerster Vorsicht ermahnt. Seinem Bericht zufolge hatten sich Yorio und Jalics zur Gründung einer eigenen Gemeinschaft entschlossen. Deshalb seien sie vom damaligen Jesuitengeneral Pedro Arupe aufgefordert worden, sich entweder für den Verbleib im Orden oder für ihre neue Gemeinschaft zu entscheiden. Darauf hätten die beiden um Entlassung aus dem Orden gebeten. Diese Diskussion zog sich laut Bergoglio über ein Jahr hin.

Von den beiden Patres ist zu diesem Vorgang nichts bekannt. Offiziell wurden sie im März 1976 vom Orden ausgeschlossen. Am Morgen des 23. Mai 1976, zwei Monate nach dem Militärputsch, verschleppten Sicherheitskräfte Yorio und Jalics. Es begann eine monatelange Zeit der Ungewissheit. In den ersten Tagen wurden sie verhört; nach fünf Tagen versprach man ihnen, sie zu entlassen, weil man nichts gegen sie in der Hand habe. Doch sie mussten noch fünf Monate warten, gefesselt, mit verbundenen Augen, bis sie endlich freikamen. Sie fühlten sich verraten und alleine gelassen. In ersten Reaktionen richtete sich ihre Enttäuschung gegen den Jesuitenoberen Bergoglio.

Der wies die Anschuldigungen zurück. Er habe sich vielmehr vehement für die Freilassung der beiden Ordensbrüder eingesetzt. Gestützt wird dies durch einen Brief des damaligen Provinzials an die Familie Jalics', über den die »Frankfurter Allgemeine Sonntagszeitung« am 17. März 2013 ausführlich berichtet. Darin schrieb Bergoglio Mitte September 1976, er habe viele Vorstöße bei der Regierung unternommen, um eine Freilassung zu erreichen. »Ich habe diese Angelegenheit zu ›meiner‹ Sache gemacht.« Die Differenzen, die Jalics und Bergoglio in der Vergangenheit über Fragen des religiösen Lebens gehabt hätten, spielten in der aktuellen Situation keine Rolle, schrieb Bergoglio in dem Brief. Er werde alles tun, damit Jalics freikomme. Eine Chance sah der Jesuitenprovinzial damals in einem direkten Kontakt zu Videla. Im Gespräch mit den Journalisten Rubin und Ambrogetti erklärt Bergoglio, er habe sich mit einem Trick Zugang zum Haus des Diktators verschafft. Den zuständigen Militärgeistlichen habe er gebeten, sich krankzumelden, damit er in dessen Vertretung eine Messe bei Videla zelebrieren konnte. Nach dem Gottesdienst sprach Bergoglio nach eigener Aussage den Machthaber auf die verschleppten Ordensgeistlichen an.

Auch seine Kontakte zu Admiral Emilio Massera hätten allein dem Zweck gedient, von Militäraktionen betroffenen

Geistlichen zu helfen. Am 23. Oktober 1976 kamen die beiden Patres frei.

Orlando Yorio starb im August 2000. Er war nach seiner Freilassung nicht wieder in den Jesuitenorden zurückgekehrt. Er wirkte als Geistlicher und Professor in verschiedenen Bistümern in Argentinien und Uruguay. Franz Jalics hingegen blieb Jesuit. 1978 siedelte er nach Deutschland über. Im Jahr 2000 traf er sich mit seinem Mitbruder Bergoglio, damals Erzbischof von Buenos Aires. Sie hätten sich ausgesprochen, einander umarmt und miteinander Messe gefeiert. Er sei mit den Ereignissen von 1976 versöhnt, so Jalics; alle Dokumente aus der Zeit habe er vernichtet. In zwei Erklärungen, die Jalics nach der Wahl Bergoglios zum Papst am 15. und 20. März 2013 veröffentlicht, spricht er diesen von dem Vorwurf der Kollaboration frei. Es sei falsch zu behaupten, »dass unsere Gefangennahme auf eine Initiative von Pater Bergoglio geschehen sei. (...) Orlando Yorio und ich wurden nicht von Pater Bergoglio angezeigt.« Vielmehr seien sie wegen einer Katechetin verhaftet worden, »die zuerst mit uns zusammenarbeitete und später in die Guerilla eintrat«, so Jalics.

Unklar ist die Rolle Bergoglios in einer anderen Angelegenheit: dem Raub von Neugeborenen und der Freigabe zur Adoption durch regimetreue Familien. Was hat der damalige Jesuitenprovinzial darüber gewusst? Im Rahmen einer Zeugenbefragung im November 2010 sagte er, er sei erst später mit der Sache befasst gewesen. Doch in einem Prozess in Buenos Aires im Frühjahr 2011 legte eine Zeugin Briefe aus den 70er Jahren vor, nach denen ihre Familie den damaligen Jesuitenprovinzial um Hilfe bei der Suche nach ihrer verschwundenen Schwester und deren Kind bat. Bergoglio erklärte dazu in einer schriftlichen Aussage im November 2011, er habe den Vater der verschwundenen Frau getroffen, von deren Schwangerschaft aber nichts gewusst. Die »Abuelas de Plaza de Mayo«, die Großmütter der verschwundenen Kinder, kritisierten das Verhalten Bergoglios. Sie hätten sich gewünscht, dass er im Gericht Rede und Antwort gestanden hätte.

Mittlerweile gibt es eine große Zahl von Verteidigern Bergoglios. So wandte sich etwa die Präsidentin der »Madres de Plaza de Mayo«, Hebe de Bonafini, Ende März 2013 in einem offenen Brief an Papst Franziskus. Von der anfänglichen Kritik nach seiner Wahl war nichts mehr zu hören; vielmehr würdigte sie seinen Einsatz für die Armen und schickte ihm eine Liste mit Namen verschwundener Priester sowie ermordeter Kleriker mit der Bitte um Hilfe bei der Aufklärung. Der Menschenrechtsanwalt Horacio Mendez Carreras, der die Familien von zwei während der Diktatur ermordeten französischen Ordensfrauen vertritt, sagte der französischen katholischen Tageszeitung »La Croix«, die Anschuldigungen gegen Bergoglio seien von regierungsnahen Personen in Argentinien lanciert worden. Es handle sich um einen Versuch, durch Vorwürfe der Komplizenschaft oder mangelnden Widerstands politische Gegner zu diskreditieren. In »La Croix« äußert sich auch Juan Carlos Scannone, Mitbruder und enger Freund Orlando Yorios, zu den Vorfällen von 1976. Er könne bezeugen, dass Bergoglio alles in seiner Macht Stehende unternommen habe, um herauszufinden, wo die beiden Mitbrüder gefangen gehalten wurden, und um sie freizubekommen.

Miguel La Civita, ein enger Vertrauter des während der Militärdiktatur ermordeten Bischofs Angelelli, erklärt nach der Wahl Bergoglios zum Papst gegenüber der italienischen Tageszeitung »La Stampa«, Bergoglio habe ihn und andere Priester im Colegio Máximo in Buenos Aires versteckt. »Das Kolleg wurde eine Art Zufluchtsort, um Verfolgten zu helfen. Sie wurden versteckt, sie bekamen falsche Papiere, und man half ihnen, aus dem Land zu fliehen. Bergoglio war überzeugt, dass die Militärs nicht den Mut haben würden, das Kolleg anzutasten.« Auch der argentinische Friedensnobelpreisträger Adolfo Pérez Esquivel verteidigt Papst Franziskus. Der Bürgerrechtler Esquivel war selbst während der Militärdiktatur 14 Monate in Haft und wurde gefoltert. 1980 erhielt er für seinen gewaltfreien Einsatz den Friedensnobelpreis. Nach einem Treffen mit Papst Franziskus am 21. März

2013 erklärt er: »Er war weder ein Komplize der Diktatur, noch gehörte er zu jenen Bischöfen, die sich am meisten für die Menschenrechte einsetzten.« Der Jesuit habe in seiner damaligen Rolle »auf stille Diplomatie gesetzt, um nach Verhafteten und Verschleppten zu forschen«. Bei ihrer Begegnung, so Esquivel, habe der Papst zugesichert, »die Wahrheit, die Gerechtigkeit und die Wiedergutmachung der durch die Diktatur erlittenen Schäden« voranzubringen.

Setzte er dies um, würde er den Menschen und der Kirche seines Heimatlandes einen großen Dienst erweisen. Hier läge eine der großen Chancen des Pontifikats von Franziskus. Die erste Strategie des Vatikans, die Anschuldigungen gegen den Papst als Kampagne linker, kirchenfeindlicher Kreise und Medien abzuqualifizieren, wird Kritik – sei sie berechtigt oder nicht – ohnehin kaum niederhalten. Für eine abschließende Bewertung ist die Quellenlage noch unzureichend. Der Vorwurf, Bergoglio habe »nicht genug« unternommen, ist gewichtig, aber in sich problematisch. Ein solches moralisches Urteil im Nachhinein riskiert immer, den damaligen Entscheidungsumständen nicht gerecht zu werden.

Versöhnung und Gerechtigkeit sind noch längst nicht in einem zufriedenstellenden Ausmaß erreicht. Die katholische Kirche in Argentinien tut sich nach wie vor schwer. Es sind immer wieder einzelne Bistümer, die sich offen und selbstkritisch mit der eigenen Vergangenheit auseinandersetzen. So etwa das Bistum Neuquén, wo es 2007 in einem Papier der Kommission für Sozialpastoral heißt: »Zu viel Schweigen, das Fehlen öffentlicher Teilnahme an den Klagen der Familien Verschwundener, die Ohren verschließen angesichts der Forderung nach Gerechtigkeit, zu viel Schwäche, das Übel beim Namen zu nennen, rief Übles hervor, dem gemäß wir dann in der Nähe der Diktatoren des Todes erschienen, wo wir Apostel des Lebens hätten sein müssen.« Im April 1999 werden die sterblichen Überreste des Priesters Carlos Mugica in ein Armenviertel von Buenos Aires überführt, genau in jene Kapelle, vor der er im Mai 1974 ermordet worden war.

Bergoglio, bei der Überführung Erzbischof von Buenos Aires, spricht bei dem Gottesdienst folgendes Gebet: »Erbarme dich unser, o Herr, für den Tod Pater Carlos', hab Erbarmen mit seinen Mördern, mit all jenen, die diesen Mord geplant haben, mit jenem Großteil der Gesellschaft, der sich durch sein Schweigen zum Komplizen gemacht hat; erbarme dich unser für all die Male, die wir als Glieder der Kirche nicht den Mut hatten, diesen Mord anzuklagen.« Es ist nicht das einzige Beispiel, aber im Ganzen kommt die Aufarbeitung der Rolle der Kirche während der Militärdiktatur nur schleppend voran.

Auch die Argentinische Bischofskonferenz gibt verschiedene Erklärungen ab, doch bleiben sie oft im Vagen. So formulieren die Bischöfe im Jahr 2000 – ähnlich wie Johannes Paul II. in Rom – eine Art Vergebungsbitte. Allerdings wird dort der Akzent auf das Versagen von Einzelnen gelegt; ähnlich erklärte der Ständige Rat der Bischofskonferenz schon 1995: »Wenn ein Mitglied der Kirche mit seiner Empfehlung oder Komplizenschaft diese Taten (der gewaltsamen Repression) gutgeheißen hat, hätte er unter persönlicher Verantwortung gehandelt und schwerwiegend gegen Gott, die Menschheit und sein Gewissen geirrt oder gesündigt.« 2007, nach der Verurteilung des Militärgeistlichen von Wernich, äußern sich die Bischöfe unter ihrem Vorsitzenden Bergoglio nochmals. Sie sprechen von dem »Schmerz, den uns die Teilnahme eines Priesters an schwerwiegendsten Verbrechen verursacht«. Weiter hieß es: »Wir glauben, dass die Schritte, die die Justiz zur Aufklärung dieser Taten unternimmt, dazu dienen sollen, um die Bemühungen aller Staatsbürger auf dem Weg zur Versöhnung zu erneuern, und dass sie ein Aufruf dazu sind, uns sowohl von der Straflosigkeit als auch von Hass und Rache zu entfernen.«

Im November 2012 beschließen die Bischöfe, die Kirchenarchive für die Erforschung der Militärepoche zu öffnen. Dies könnte ein wichtiger Schritt sein hin zu echter Versöhnung, wie sie die Bischöfe in der Erklärung von 2007 selbst wünschen. Es wird ein schmerzlicher Prozess sein. Doch am Ende kann es eine Befreiung sein – denn, nach dem Wort des Johannesevangeliums, »Wahrheit macht frei«. In diesem Kontext gälte es auch die Rolle des Vatikans und des Apostolischen Nuntius zu beleuchten. In Argentinien wie auch in anderen Ländern bestand teilweise eine problematische Nähe zwischen dem päpstlichen Gesandten und den Machthabern. Eine Reinigung des Gedächtnisses ohne Scheu vor schmerzlichen Erkenntnissen kann der Kirche in Lateinamerika neue Glaubwürdigkeit geben. Geht Papst Franziskus dieses Thema nicht von sich aus an, wird es ihn von selbst einholen, nicht nur bei Reisen in den Kontinent.

NOMEN EST OMEN
Ein Jesuit, der sich Franziskus nennt

Nicht nur die Person des neuen Papstes, Jorge Mario Bergoglio, war eine Überraschung, sondern auch der Name: Franziskus. Zwar wurde in den Tagen vor dem Konklave dieser Papstname in Rom immer wieder ventiliert; doch in Verbindung mit einem anderen Kardinal: Sean Patrick O'Malley. Der Erzbischof von Boston rückte während der Generalkongregationen wegen seiner harten Hand im Kampf gegen Missbrauch und beim Aufräumen der Altfälle in den Kreis möglicher Nachfolger von Benedikt XVI. Ihm traute man zu, auch in der Kurie Reformen durchzuführen. O'Malley ist Kapuziner. Daher spekulierten viele, dass er bei einer Wahl zum Papst den Namen seines Ordenspatrons annehmen würde.

Dass nun Bergoglio sich nach Franz von Assisi (1181/1182-1226) benannte, zeugt von Selbstbewusstsein. Zuletzt war es vor über tausend Jahren Papst Lando (913-914), der einen Namen trug, der nicht auf einen Amtsvorgänger verwies. Johannes Paul I. (1978) bezog sich auf die beiden »Konzilspäpste« Johannes XXIII. (1959-1963) und Paul VI. (1963-1978). Seit 1590 hatten die 38 Päpste insgesamt elf Namen. Pius und Clemens lagen dabei mit jeweils sieben Pontifikaten an der Spitze, gefolgt von Innozenz (fünf) und Benedikt (vier).

Bestimmte Namen galten lange Zeit als tabu, so etwa die der Apostel, der Evangelisten, des heiligen Josef oder der Ordensgründer. Bisher gab es lediglich Benedikt als Papstnamen, weder Franziskus noch Dominikus, Ignatius oder Augustinus. Selbst Franziskaner auf dem Stuhl Petri hatten sich nicht nach ihrem Ordensgründer benannt. Vier hatte es in der Geschichte bisher gegeben: Nikolaus IV. (1288-1292), Sixtus IV. (1471-1484), Sixtus V. (1585-1590), Clemens XIV. (1769-1774). Letzterer hatte 1773 die Aufhebung des Jesuitenordens verfügt. Nach dem Konklave berichtete Papst Franziskus, einer der Kardinäle habe ihm geraten, sich doch Clemens zu nennen. Auf die Frage nach dem Grund habe ihm der Mitbruder geantwortet: »So rächst du dich an Clemens XIV., der den Jesuitenorden aufgehoben hat.«

Wie es zu der Entscheidung für Franziskus kam, erzählte der Papst selbst bei einer Begegnung mit Medienvertretern: Als er beim Auszählen der Stimmen im Konklave die Zweidrittelmehrheit erreicht hatte, und Applaus aufkam, habe sich der neben ihm sitzende Kardinal Claudio Hummes – selbst ein Franziskaner – zu ihm geneigt und gesagt: »Vergiss die Armen nicht!« – »Da setzte sich dieses Wort in mir fest: die Armen, die Armen«, berichtete der Papst. »Dann sofort habe ich bei den Armen an Franz von Assisi gedacht. Dann habe ich an die Kriege gedacht, während die Auszählung voranschritt bis zu allen Stimmen. Und Franziskus ist der Mann des Friedens. So ist mir der Name ins Herz gedrungen: Franz von Assisi. Er ist für mich der Mann der Armut, der Mann des Friedens, der Mann, der die Schöpfung liebt und bewahrt.« So orientiert sich der Papst tatsächlich an dem großen Heiligen der mittelalterlichen Armutsbewegung, nicht am großen Asien-Missionar und Jesuiten Franz Xaver (1506-1552) oder dem Kirchenlehrer Franz von Sales (1567-1622).

Dass ein Papst einen eigenen Thronnamen annimmt, ist erst seit dem 10. Jahrhundert üblich. Damals gab es mehrere Päpste, die ihren Geburtsnamen als Amtsnamen nicht für geeignet hielten. So nannte sich Octavian nach seiner Wahl 955 Johannes XII., weil er den Namen eines heidnischen (und vergöttlichten) Kaisers vermeiden wollte. Petrus Canepanova hielt es für vermessen, den Namen des ersten Bischofs von Rom und Apostelfürsten als Papst weiterzutragen; er nannte sich daher Johannes XIV. (983-984). Der allererste Papst, der nach bisherigem Stand der Forschung seinen Namen wechselte, war Johannes II. Der wollte bei seiner Wahl 533 den

Geburtsnamen Mercurius nicht weiter tragen. Mit der Namensänderung soll auch zum Ausdruck kommen, dass der Kandidat mit der Erhebung auf den Stuhl Petri »ein neuer Mensch« wird. Der Name ist Programm. Er drückt die besondere Verbundenheit mit jenen Päpsten oder Heiligen aus, die ihn vorher trugen.

Franz von Assisi, Patron Italiens, ist zweifelsohne einer der bekanntesten Heiligen. Die von ihm gegründeten oder inspirierten Orden und Gemeinschaften zählen weltweit über 650 000 Mitglieder. Seine Verehrung reicht weit über die katholische Kirche hinaus. Zahlreiche Künstler, Autoren und Regisseure haben sich mit dem »Poverello«, dem »kleinen Armen« aus Umbrien, beschäftigt. Für die Verbreitung seiner Botschaft sorgten im vergangenen Jahrhundert unter anderem Roberto Rossellini mit dem Film »Franziskus, der Gaukler Gottes« und Franco Zeferellis »Bruder Sonne, Schwester Mond«. Hermann Hesse beschäftigte sich in »Franz von Assisi« ebenso mit ihm wie Julien Green in »Bruder Franz«, Luise Rinser in »Bruder Feuer« oder der aus dem griechisch-orthodoxen Kulturkreis stammende Nikos Kazantzakis in »Mein Franz von Assisi«. Carl Orff vertonte den »Sonnengesang des heiligen Franziskus«, und Angelo Branduardi ließ sich von ihm in seiner »Lauda di Francesco« inspirieren. Assisi, rund 200 Kilometer nördlich von Rom gelegen, gehört seit Jahrhunderten zu den größten Wallfahrtsorten weltweit. Jährlich kommen rund sechs Millionen Pilger und Touristen in die Stadt mit 30 000 Einwohnern. Die Basilika San Francesco mit dem Freskenzyklus Giottos und den Darstellungen aus dem Leben des Heiligen gehört zum UNESCO-Weltkulturerbe.

Wer war dieser Franz? Um das Jahr 1181/1182 wird er als Giovanni Battista Berdone in der Familie eines reichen Tuchhändlers in Assisi geboren. Man ruft ihn Francesco (Französlein) in Anspielung auf den damaligen mondänen französischen Lebensstil. Als junger Mann genießt er das bürgerliche Leben; er feiert gerne und träumt vom Ruhm als Ritter. 1202 gerät Francesco in einem Krieg gegen das benachbarte Perugia in Gefangenschaft. Als er 1204 freikommt, ist er krank und in seinen Grundfesten erschüttert. 1205 hat er ein Bekehrungserlebnis: Im Traum empfängt er die Aufforderung, statt weltlichen Rittertums in den Dienst Gottes zu treten. In der zerfallenen Kapelle San Damiano bei Assisi hört er der Überlieferung nach vom Kreuz herab die Stimme: »Franziskus, geh und baue mein Haus wieder auf, das, wie du siehst, ganz und gar in Verfall gerät.« Franziskus versteht die Aufforderung zunächst wörtlich und renoviert das Kirchlein. Im Frühjahr 1207 sagt er sich auf spektakuläre Weise von seinem Vater los: Vor ihm und dem Bischof entkleidet sich Franziskus, um fortan vor der Stadt in radikaler Armut zu leben.

Bald findet er Gefährten. Sie pflegen Kranke und Aussätzige. 1209 zieht Franziskus mit zwölf seiner Freunde nach Rom, um vom Papst die Erlaubnis für die Lebensweise ihrer kleinen Gemeinschaft zu erbitten. Eine Bronzestatue des heiligen Franz erinnert noch heute vor der Lateranbasilika in Rom, der Bischofskirche des Papstes, an dieses Ereignis. Innozenz III. (1198-1216) ist zunächst skeptisch – es gibt in dieser Zeit viele Schwärmer und Sektierer, die vorgeben, radikal die Nachfolge Jesu zu leben. Doch Franziskus kann den Papst überzeugen. 1210 bestätigt dieser zunächst mündlich die Regel, in Armut zu leben und Buße predigen zu dürfen. Auch für spätere Regelfassungen bleibt das Leben in radikaler Armut grundlegend. Die Brüder dürfen kein Eigentum besitzen, verdienen ihren Lebensunterhalt durch eigene Arbeit, Almosen und Schenkungen. In der Anfangszeit tragen die Brüder eine graue Kutte mit einem Strick statt Gürtel und gehen meist barfuß. 1226 stirbt Franziskus in einer kleinen Kapelle nahe Assisi. Nur zwei Jahre später wird er heiliggesprochen.

Eine Nähe der bisherigen Verkündigung und Lebensweise Jorge Mario Bergoglios zu Franziskus ist augenfällig. Bei Franz von Assisi findet sich eine starke Identifizierung mit dem armen und leidenden Christus – bis dahin, dass Franz

1224 die Wundmale Jesu am eigenen Körper empfängt. Auch der Papst sieht die Christusbotschaft vom Kreuz her: »Wenn wir ohne das Kreuz gehen, wenn wir ohne das Kreuz aufbauen und Christus ohne Kreuz bekennen, sind wir nicht Jünger des Herrn: Wir sind weltlich, wir sind Bischöfe, Priester, Kardinäle, Päpste, aber nicht Jünger des Herrn«, sagt er bei seiner Dankmesse nach dem Konklave am 14. März 2013 vor den Kardinälen. Bergoglio versteht das Kreuz als hoffnungsvolles Zeichen, das auf Ostern hindeutet. Eines der Lieblingsgemälde von Papst Franziskus ist die »Weiße Kreuzigung« von Marc Chagall (1887-1985). Obwohl es unter dem Eindruck der Reichspogromnacht gemalt sei, sei es nicht grausam, sondern im Gekreuzigten komme Hoffnung zum Ausdruck.

Franz von Assisi sieht Gott als den menschgewordenen Gott. Sein Wunsch, diese Nähe Gottes anschaulich zu machen, führt dazu, dass er 1223 in Greccio das Weihnachtsgeschehen in einem Krippenspiel konkret nachstellt. Wenn Gott in die Welt kommt, dann müssen auch die Christen mitten in der Welt leben und wirken. Weihnachten ist für Franz somit eine radikale Absage an eine Weltflucht. Er sieht in der Menschwerdung eine Demutsgeste Gottes. »Du bist die Demut«, heißt es im Lobpreis des Franz. Diese Haltung übernimmt er für sich. Wie Gott, so müssen auch die Nachfolger Jesu sich demütig den Menschen zuwenden – und vor allem denen, die am Rande stehen: die Kleinen und Geringen, die Kranken und Aussätzigen, die Sünder und Ungläubigen. Wenn Gott alle Menschen gleich liebt, gilt der Auftrag zur Verkündigung des Evangeliums universal und wird von den Jüngern Jesu verlangt, für alle da zu sein. Das zeigt sich auch in Nachsicht und Barmherzigkeit anderen gegenüber.

In seinem Brief an einen Ordensoberen schreibt Franz von Assisi: »Und darin will ich erkennen, ob du den Herrn und mich, seinen und deinen Knecht, liebst, wenn du Folgendes tust: Nämlich es darf keinen Bruder auf der Welt geben, mag er auch gesündigt haben, soviel er nur sündigen konnte, der deine Augen gesehen hat und dann von dir fortgehen müsste ohne dein Erbarmen, wenn er Erbarmen sucht. Und sollte er nicht Erbarmen suchen, dann frage du ihn, ob er Erbarmen will. Und würde er danach auch noch tausendmal vor deinen Augen sündigen, liebe ihn mehr als mich, damit du ihn zum Herrn ziehst. Und mit solchen habe immer Erbarmen.« Friedfertigkeit wird zu einer kennzeichnenden Haltung der Franziskaner. »Pax et bonum«, »den Frieden und das Gute«, wünscht Franz den Adressaten in seinen Briefen. Er verbietet seinen Brüdern, Waffen zu tragen.

Franz von Assisi verlangt, Andersgläubigen mit Ehrfurcht zu begegnen. 1219 schließt er sich dem fünften Kreuzzug an und reist bis nach Palästina. Dort predigt er der Überlieferung nach vor Sultan Al-Kamil. Zwar kann er die folgenden Kämpfe nicht verhindern; doch ist der Sultan offenbar so beeindruckt, dass er den Franziskanern erlaubt, sich im Orient niederzulassen. Bis heute sind die Franziskaner Kustoden (Hüter) vieler christlicher Stätten im Heiligen Land. In der Ordensregel des Franz gibt es ein eigenes Missionskapitel. Dort heißt es unter anderem: »Die Brüder aber, die hinausziehen, können in zweifacher Weise unter ihnen geistlich wandeln. Eine Art besteht darin, dass sie weder Zank noch Streit beginnen, sondern ›um Gottes willen jeder menschlichen Kreatur‹ (1 Petr 2,13) untertan sind und bekennen, dass sie Christen sind.« Das Lebenszeugnis hat dabei Vorrang vor der Wortverkündigung.

Franz und seine Brüder waren immer auf dem Weg. Wie Jesus und seine Apostel waren sie auf Wanderschaft, um die Botschaft des Evangeliums zu verkünden. Das Unterwegssein ist auch ein zentrales Motiv im Kirchenbild von Papst Franziskus. In der bereits zitierten Predigt beim Gottesdienst am Tag nach seiner Wahl nennt er das »Gehen« als eine kirchliche Grunddimension zusammen mit dem »Aufbauen« und dem »Bezeugen«. Bei seinem ersten Auftritt nach der Wahl auf der Loggia des Petersdoms fordert Papst Franziskus die Gläubigen auf, gemeinsam – Bischof und Volk – einen Weg zu beginnen.

Eine Frage ist, welches reformerische Potenzial sich im Namen des heiligen Franz andeutet. Der Bettelbruder von Assisi wird bisweilen als Revolutionär dargestellt. Dabei hat der Heilige die Kirche nie direkt kritisiert oder offen zu Reformen aufgerufen. Durch seinen Lebensstil und den seiner Brüder aber hat er bestehende Strukturen und Lebensvollzüge der Kirche radikal in Frage gestellt. Franz akzeptiert die kirchliche Autorität. Deshalb ist es ihm wichtig, für seine Regel und seine Gemeinschaft den Segen und die Zustimmung des Papstes zu erhalten. An den Kreuzzügen äußert er nie ausdrückliche Kritik, obwohl offensichtlich ist, dass Franz Gewalt und Machtausübung mit Hilfe von Waffen ablehnt. Auch im Orden des heiligen Franz gibt es eine Ordnung; Oberen ist Gehorsam zu leisten, wenngleich er deren Amt als Dienstamt verstanden wissen will. In seinen Ermahnungen schreibt er: »Jene, die über andere gesetzt worden sind, sollen sich nur so dieses Oberenamtes rühmen, wie sie es tun würden, wenn sie zum Dienst der Fußwaschung an den Brüdern bestimmt worden wären. Und je mehr sie über den Entzug des Oberenamtes stärker in Aufregung versetzt werden als über das Amt der Fußwaschung, umso mehr häufen sie sich Reichtümer an als Gefahr für die Seele.« (Erm 4) Wenn Franz von seiner Gemeinschaft, aber auch von der Kirche spricht, klingt das Motiv der Familie an. Ein brüderlicher oder heute besser geschwisterlicher Umgang soll gepflegt werden. Leichte Anklänge daran finden sich bei der Begegnung von Papst Franziskus mit den Kardinälen, als er nicht von den »Herren Kardinälen« spricht, sondern von den »Brüdern Kardinälen«.

Ein zentraler Aspekt in der Spiritualität des heiligen Franz ist seine Beziehung zur Schöpfung. In der Natur und in allen Lebewesen findet Franz den Schöpfer. Davon spricht vielleicht am deutlichsten der »Sonnengesang«, sein Lob auf Bruder Sonne, Schwester Mond und Mutter Erde. Das Gleiche wollen die Erzählungen von seiner Predigt an die Vögel und der Zähmung des Wolfs von Gubbio zum Ausdruck bringen. Papst Johannes Paul II. ernannte ihn 1980 zum Patron des

Umweltschutzes und der Ökologie. Kaum zufällig lud Patriarch Bartholomaios I., seit Jahren Förderer von Öko-Initiativen, Papst Franziskus bei ihrer ersten Begegnung am 20. März 2013 nicht nur zu einem Gegenbesuch und zu einer Pilgerfahrt nach Jerusalem ein, sondern auch zu gemeinsamen Unternehmungen im Bereich des Umweltschutzes.

Überrascht hat viele, dass der Jesuit Bergoglio sich ausgerechnet nach dem Gründer der franziskanischen Orden benennt – zumal er der erste Ordensmann auf dem Stuhl Petri seit dem Kamaldulenser Gregor XVI. (1831-1846) ist. Insgesamt gab es unter den 265 Nachfolgern des Apostels Petrus nur rund 30 Ordensleute. Die meisten waren Benediktiner – 10 bis 15, genauer lässt sich das aufgrund der unsicheren Quellenlage im frühen Mittelalter nicht sagen. Immerhin brachten sie so prominente Päpste hervor wie Gregor VII. (1073-1085), der den Investiturstreit ausfocht und König Heinrich IV. zum Gang nach Canossa nötigte, oder Urban II. (1088-1099), den ersten Kreuzzugspapst. Zur Blütezeit der Orden im 11. und 12. Jahrhundert gibt es allein 13 »Ordenspäpste«. Unter den 115 Papstwählern des Konklaves im März 2013 waren 17 Ordensmänner, also knapp 15 Prozent. Am Ende wird einer von ihnen Papst, der erste Jesuit überhaupt.

»Würden annehmen hieße, unsere eigenen Totengräber zu sein.« Dies gab der Gründer des Jesuitenordens, Ignatius von Loyola, seinen Mitbrüdern mit auf den Weg. 1491 im spanischen Baskenland geboren, entstammt er einem angesehenen Adelsgeschlecht und erhält der Familientradition entsprechend eine höfisch-militärische Ausbildung. Nach einer Kampfverletzung liegt er mehrere Monate auf dem Krankenlager. Dort studiert er die Bibel und Heiligenlegenden. Er beschließt, sein Leben radikal zu ändern und sich fortan in den Dienst Gottes zu stellen. Nach einer Wallfahrt ins Heilige Land beginnt er eine Phase intensiver Ausbildung, denn er merkt sehr schnell, dass eine solide Bildung Grundlage eines erfolgreichen Wirkens als Seelsorger ist. Er studiert Latein in

Spanien und schließlich in Paris Philosophie. Zusammen mit sechs Freunden gelobt er am 15. August 1534 auf dem Montmartre, in Armut und Ehelosigkeit zu leben. 1538 ziehen sie nach Rom und bieten Papst Paul III. (1534-1548)ihre Dienste an. Am 15. April 1539 gründen sie schließlich eine Gemeinschaft, der sie den Namen »Gesellschaft Jesu« geben. Symbol des Ordens ist das Monogramm IHS, die ersten drei Buchstaben des Namens Jesus in Griechisch. Die Abkürzung wird aber auch oft als Iesum Habemus Socium (»Wir haben Jesus als Gefährten«) oder Iesus Hominum Salvator (»Jesus, der Erlöser der Menschen«) gedeutet. Bis zur Anerkennung durch den Papst dauert es über ein Jahr. Am 31. Juli 1556 stirbt Ignatius. Der Orden hat da bereits über 1000 Mitglieder. 1622 wird Ignatius von Loyola heiliggesprochen. Heute sind die Jesuiten mit gut 17 600 Mitgliedern, darunter 12 500 Priestern, der größte katholische Männerorden weltweit, vertreten in 125 Ländern.

Das besondere Charisma des Ordens ergibt sich aus der Situation der Zeit. Überall in Europa treten Reformatoren auf. Nach den Wirren des Mittelalters fordern sie eine radikale Umkehr der Kirche zu den Ursprüngen. Auch wenn die Jesuiten sich dezidiert nicht als gegenreformatorische Bewegung verstehen, so fallen ihre Anfänge doch in diese Zeit des Umbruchs. Ignatius geht allerdings seinen eigenen Weg. Für ihn muss die Erneuerung der Kirche von innen kommen, aus einer vertieften Frömmigkeit und der Christusbegegnung des Einzelnen. Das Besondere des neuen Ordens ist, dass die Mitglieder nicht abgeschottet in einem Kloster leben, sondern in kleinen Gruppen überall dort, wo sie gebraucht, sprich vom Papst hingeschickt werden. Die Flexibilität der Jesuiten ist bis heute ein Kennzeichen des Ordens. Jedes Mitglied muss bereit sein, dorthin zu gehen, wo der Obere ihn hinschickt. Entsprechend leben die Jesuiten auch nicht in Klöstern und haben keine einheitliche Ordenskleidung. Die einzelnen Mitglieder sollen je nach Einsatzort die richtige Form von Kleidung, Gebet und Gemeinschaftsleben finden.

Nicht Abkehr, sondern Hinwendung zur Welt lautet die Devise des Ignatius. Mit diesem Konzept findet er Anfang des 16. Jahrhunderts schnell Zulauf. Anfangs will er sich auf die reine Verkündigung konzentrieren; doch schnell merkt Ignatius, dass vor allem bei der Bildung Ende des Mittelalters vieles im Argen liegt. Deshalb gründet er mit seinen Gefährten Schulen und Ausbildungsstätten. Bis heute ist dieser Bereich eine der Säulen des Ordens. Die Jesuiten betreiben weltweit mehr als 230 Hochschulen und Universitäten, mehr als 700 Schulen und in Lateinamerika knapp 3000 Dorfschulen. Weitere traditionelle Aufgabengebiete sind die Priesterausbildung und die Medienarbeit.

Papst Franziskus arbeitete selbst lange in den Ausbildungseinrichtungen des Ordens in Argentinien. Bei seinem Engagement in den Armenvierteln von Buenos Aires legte er stets Wert auf Ausbildungsangebote für die Kinder und Jugendlichen, um ihnen eine Chance zu bieten, sich in die Gesellschaft zu integrieren.

Die Jesuiten sind stark in der Mission tätig. Berühmt ist das Wirken von Franz Xaver (1506-1552) in Japan und Matteo Ricci (1552-1610) in China. Aber auch in Lateinamerika sind die Jesuiten aktiv. Gerade in den Missionsgebieten schließen sich viele von ihnen in den 1970er Jahren der Befreiungstheologie an. Die 32. Generalkongregation, das höchste beschlussfassende Gremium des Jesuitenordens, das in unregelmäßigen Abständen Vertreter aller Provinzen und Einrichtungen vereinigt, formulierte 1974/1975 als Arbeitsfelder: »Der Auftrag der Gesellschaft Jesu besteht heute im Dienst am Glauben, zu dem die Förderung der Gerechtigkeit notwendig dazugehört.« In der Folgezeit gab es heftige Diskussionen innerhalb des Ordens und mit dem Vatikan, wie dieser Auftrag konkret umgesetzt werden sollte. In diese Phase fällt Bergoglios Zeit als Provinzial in Argentinien. Er gerät in den Streit um die »Option für die Armen«. Bergoglio lehnt eine zu politische Auslegung ab, setzt eher bei der konkreten Hilfe für die Menschen an.

Die Jesuiten legen neben den für Orden üblichen Gelübden der Armut, der Keuschheit und des Gehorsams (gegenüber den Ordensoberen) noch ein viertes, besonderes Gehorsamsgelübde gegenüber dem Papst ab. Der Orden bindet sich damit in besonderer Weise an das Kirchenoberhaupt und steht zu dessen Verfügung. Dem Charisma der Jesuiten ist trotz des Papstgelübdes eine Mischung eigen aus unbedingtem Gehorsam gegenüber dem Papst, gepaart mit einer gewissen Liberalität, Eigenständigkeit und Freigeistigkeit. Dies führt im Laufe der Geschichte immer wieder zu Spannungen, sei es mit weltlichen Machthabern, sei es mit der kirchlichen Obrigkeit. Das geht so weit, dass Papst Clemens XIV. im Jahr 1773 den Orden aufhebt. Erst Papst Paul VII. erlaubt 1814 seine Neugründung. Wie schon in der alten Gesellschaft Jesu wird auch nach der Neugründung großer Wert auf eine exzellente Ausbildung der Mitglieder gelegt sowie auf strenge geistliche Übungen des Einzelnen. Die Jesuiten gelten daher auch als Elite und Avantgarde des Katholizismus.

Die Ignatianischen Exerzitien sind eine Besonderheit und haben eine innere geistliche Reifung und Festigung des Glaubenden zum Ziel. Sie gehen auf Ignatius selbst zurück. Der hat seine geistlichen Erfahrungen während der Zeit auf dem Krankenlager in den »Geistlichen Übungen« aufgeschrieben. Die Exerzitien dauern vier Wochen und sollen in einer intensiven Beschäftigung mit den Evangelien in eine radikale Nachfolge Christi münden und schließlich in eine immer größere Liebe zu Gott. Dabei geht es um eine ganz persönliche Gottesbeziehung. Das eigene Leben soll erforscht werden mit seinen Schattenseiten, aber auch die Entdeckung der eigenen Stärken und Charismen soll gefördert werden. Es geht dabei um die »Unterscheidung der Geister«. Nach Ignatius gibt es Regungen und Gefühle, die »dauerhaft tröstlich« sind und daher von Gottes Geist kommen. Und es gibt solche, die »untröstlich« oder traurig machen und daher vom »Un-Geist« kommen. In diesem Sinne ist eine Auseinandersetzung mit dem Bösen, dem Versucher, dem Teufel ein zentrales Thema bei den Ignatianischen Exerzitien; denn es geht darum, das Richtige vom Falschen zu unterscheiden, das Gute vom Bösen. Dazu hilft die »Indifferenz«. Das ist ein inneres Gleichgewicht, das nach Ignatius echte Freiheit erst ermöglicht. Ignatius ist mit seinen »Geistlichen Übungen« aus dem 16. Jahrhundert seiner Zeit weit voraus. Sie kommen einer geistesgeschichtlichen Wende der christlichen Spiritualitätsgeschichte gleich, durch eine radikale Hinwendung zum Subjekt. Ignatius geht es darum, Gott in allen Dingen zu finden. Er vertritt eine weltzugewandte Spiritualität, die der des Franz von Assisi sehr nahe kommt.

Diese besondere jesuitische Schule hat Papst Franziskus durchlaufen. Das Grundprinzip einer langen und intensiven Ausbildung in human- und geisteswissenschaftlichen Fächern an verschiedenen Orten in unterschiedlichen Ländern führte ihn etwa nach Chile sowie Spanien und schließlich auch nach Deutschland. Als Jesuit hat Bergoglio keine Berührungsängste mit fremden Kulturen. Die Erfahrungen der geistlichen Exerzitien des Ignatius haben ihn tief geprägt. So ist ihm die Auseinandersetzung mit dem Bösen vertraut. Wie selbstverständlich spricht er vom Teufel. Das klingt in westeuropäischen Ohren eher ungewohnt. In seiner alten Heimat war das anders. In der lateinamerikanischen Mentalität ist ein stark dualistisches Denken weit verbreitet. Gegensatzpaare wie »Gott und Teufel« sind für dortige Ohren kein Problem. Die Natürlichkeit, mit der er selbst vom »Leibhaftigen« spricht, zeigt, dass Franziskus durch die jesuitische Nüchternheit geprägt ist. Das betrifft auch seinen Lebensstil und die Liturgie. Die Jünger des Ignatius machen nicht viel Aufhebens um ihre Arbeit, sie tun sie einfach.

Das Verhältnis Bergoglios zu seinem Orden ist immer wieder Anlass für Spekulationen. Die Jesuiten zeichnet eine große Vielfalt theologischer und spiritueller Strömungen aus. So sind Spannungen unausweichlich. Das gilt auch für Bergoglio und seine Beziehungen zu einzelnen Mitbrüdern oder Teilen des Ordens. Auf die Probleme im Zusammenhang mit der

Militärdiktatur und der Befreiungstheologie wurde bereits hingewiesen. Mit der Ernennung zum Weihbischof von Buenos Aires 1992 muss Bergoglio seine aktive Mitarbeit im Orden weitestgehend einstellen, hält aber weiter engen Kontakt. Einer der ersten, den er als Papst anruft und dann auch kurz darauf in Audienz empfängt, ist der Jesuitengeneral, Adolfo Nicolás.

In sein Wappen hat Franziskus das Monogramm der Jesuiten aufgenommen. Es ist zentral auf dem Wappenschild zu sehen in roten Buchstaben vor dem Hintergrund einer goldenen Sonne. Unter dem Monogramm sind drei Nägel zu sehen, die für die drei Gelübde Armut, Keuschheit und Gehorsam stehen. Links unter dem Monogramm ist ein achtzackiger Stern, der für Maria steht. Rechts unter dem Monogramm ist die Blüte der Narde abgebildet, die für Josef stehen soll. Die beiden Symbole bringen die besondere Verehrung von Papst Franziskus für die heilige Familie zum Ausdruck. Damit hat Franziskus sein altes Bischofswappen mit kleinen Änderungen zum Papstwappen gemacht. Über dem Wappenschild ist wie schon bei Benedikt XVI. nicht die Tiara abgebildet, sondern die bischöfliche Mitra mit drei goldenen Bändern, die für die dreifache Gewalt des Papstamts stehen: Weiheamt, Jurisdiktion und Lehramt. Hinter dem Wappenschild sind die gekreuzten Petrusschlüssel. Franziskus hat den Wahlspruch aus seiner Bischofszeit übernommen, der unter dem Wappen abgebildet wird: »miserando atque eligendo« (»Aus Barmherzigkeit gewählt«). Er ist einem Kommentar des angelsächsischen Benediktinermönchs Beda Venerabilis (7./8. Jahrhundert) zur Erwählung des Apostels Matthäus entnommen (Mt 9,9-13). Die Narde im Wappen des Papstes bereitet vielen Heraldikern Kopfzerbrechen. Bisher ist eine Verbindung des heiligen Josef mit dieser Pflanze nicht bekannt. Der Vatikan verweist auf spanische Traditionen. Der heilige Josef wird gemeinhin mit einer Lilie dargestellt, die seine keusche Beziehung zu Maria symbolisieren soll. Die Narde bzw. das Nardenöl taucht allerdings in den Evangelien auf. In Bethanien salbt am Vorabend der Passion im Haus des Simon eine Frau Jesus mit »echtem, kostbarem Nardenöl«. Als sich daraufhin einige empören mit der Begründung, man hätte das Öl verkaufen und mit dem Erlös den Armen helfen können, erwidert Jesus: »Sie hat ein gutes Werk an mir getan. Denn die Armen habt ihr immer bei euch, und ihr könnt ihnen Gutes tun, sooft ihr wollt; mich aber habt ihr nicht immer. Sie hat getan, was sie konnte. Sie hat im voraus meinen Leib für das Begräbnis gesalbt.« (Mk 14,6-9) Die Narde im Wappen des Papstes könnte daher auf zwei Weisen gedeutet werden: Zum einen ist sie ein Hinweis auf das Leiden und Sterben Jesu. Der leidende Christus spielt für Papst Franziskus ja eine wichtige Rolle. Zum anderen wird sie als eine Absage an eine rein diesseitige, politische Befreiungstheologie gedeutet.

Fest steht auf jeden Fall, dass Papst Franziskus eine besondere Beziehung zum heiligen Josef hat. So ist die Kirche, in der er seine Berufung erfahren hat, ihm geweiht: San José de Flores. In seiner Predigt zur Amtseinführung am 19. März 2013, dem Josefstag, deutet Franziskus das Papstamt in Anlehnung an den heiligen Josef als Dienstamt. Josef sei Hüter von Jesus, Maria und der Kirche gewesen. In seiner Nachfolge stehe auch der Papst: »Vergessen wir nie, dass die wahre Macht der Dienst ist und dass auch der Papst, um seine Macht auszuüben, immer mehr in jenen Dienst eintreten muss, der seinen leuchtenden Höhepunkt am Kreuz hat; dass er auf den demütigen, konkreten, von Glauben erfüllten Dienst des heiligen Josef schauen und wie er die Arme ausbreiten muss, um das ganze Volk Gottes zu hüten und mit Liebe und Zärtlichkeit die gesamte Menschheit anzunehmen, besonders die Ärmsten, die Schwächsten, die Geringsten, diejenigen, die Matthäus im Letzten Gericht über die Liebe beschreibt: die Hungernden, die Durstigen, die Fremden, die Nackten, die Kranken, die Gefangenen (vgl. Mt 25,31-46). Nur wer mit Liebe dient, weiß zu behüten!«

HOHE ERWARTUNGEN
Die Menschen wünschen sich
Veränderungen

Der erste bescheidene Auftritt von Papst Franziskus auf dem Balkon des Petersdoms hat, so scheint es, mehr vermocht als jede Kurien- oder Liturgiereform: Ohne dass sich an Struktur und Inhalten etwas verändert hätte, bekam die katholische Kirche plötzlich in einer breiten Öffentlichkeit ein anderes Ansehen. Menschen, die sich seit langem von der Kirche verabschiedet hatten und die für kircheninterne Diskussionen um Reformen schon nicht mehr erreichbar waren, erkannten in den Gesten des Papstes eine neue Grundhaltung der Institution Kirche. »Der Buchstabe tötet, der Geist aber macht lebendig.« Dieses Zitat aus dem zweiten Korintherbrief stand am Karfreitag am Ende der Predigt des Päpstlichen Hauspredigers Raniero Cantalamessa im Petersdom. Die neue Marschrichtung? Der Kapuziner, der traditionell bei der Feier des Leidens und Sterbens Jesu die Predigt hält, sprach von einem »Augenblick, da für die Kirche eine neue Zeit anbricht, voller Hoffnungen und Versprechen«. In den vergangenen Jahren hatten viele Gläubige den Eindruck, dass der Buchstabe mehr zählt als der Geist. Mit dem Pontifikat von Franziskus verbinden viele die Hoffnung, dass sich das ändern könnte.

Seit Jahren beklagen viele einen Reformstau in der katholischen Kirche. Umfragen zeigen den Wunsch nach Veränderungen selbst unter treuen Kirchgängern. Laut ZDF-Politbarometer von Ende Februar 2013 wünschten sich 84 Prozent der deutschen Katholiken, dass Priester heiraten dürfen. 75 Prozent sprachen sich für eine Öffnung des Priesteramts für

Frauen aus. Die Meinung der Katholiken weicht unwesentlich von der der Gesamtbevölkerung ab: Hier sind 88 Prozent für eine Abschaffung des Zölibats und 83 Prozent für das Frauenpriestertum. Ähnlich verhält es sich beim Thema wiederverheirateter Geschiedener. 79 Prozent der Katholiken, 81 Prozent der Befragten insgesamt wünschen sich eine Änderung der kirchlichen Position, nach der Katholiken, die trotz Bestehens einer kirchenrechtlich gültigen Ehe in einer neuen Partnerschaft leben, von den Sakramenten ausgeschlossen sind.

Eine Umfrage der »New York Times« unter US-Katholiken zum selben Zeitpunkt erbrachte ein vergleichbares Bild. Dort erklärten 70 Prozent der Katholiken, der neue Papst solle verheiratete Priester und Frauen im Priesteramt zulassen. 91 Prozent meinten, die Kirche solle Kondome zum Schutz vor HIV-Infektionen erlauben. Ähnliche Ergebnisse zeigen Umfragen seit Jahren. Hinzu kommt das Phänomen der Kirchenaustritte. Allein in Deutschland verlassen jährlich über 120 000 Katholiken ihre Kirche. Dabei ist in den vergangenen Jahren der Anteil derer rückläufig, die nur der Kirchensteuer wegen austreten. Gründe sind immer häufiger Probleme mit Strukturen und Inhalten. Die jüngsten Pannen und Skandale taten ein Übriges: die Regensburger Rede, die Rücknahme der Exkommunikation der vier Bischöfe der traditionalistischen Piusbruderschaft, unter ihnen der Holocaustleugner Richard Williamson, schließlich der Missbrauchsskandal. Die katholische Kirche hat massiv an Glaubwürdigkeit eingebüßt. Zugleich nimmt die Zahl derer ab, die sich aktiv am Gemeindeleben beteiligen. Teilweise besuchen nur rund zehn Prozent der Katholiken regelmäßig einen Gottesdienst. In den 1960er Jahren waren es noch rund 50 Prozent. Mit Zahlen allein lässt sich Erfolg oder Misserfolg kirchlichen Handelns nicht messen, aber sie sind ein Indikator für den Zustand der katholischen Kirche in großen Teilen Europas und Nordamerikas.

Forderungen nach Reformen werden immer lauter und beziehen sich auf ganz unterschiedliche Bereiche. Seit Jahren besteht im Bereich der Sexualmoral eine große Kluft zwischen der kirchlichen Lehre einerseits und dem Denken und Handeln vieler Katholiken andererseits – und das nicht nur in Deutschland oder den USA, sondern auch in traditionell katholischen Ländern wie Irland, Spanien und Italien. Das Kondom-Verbot stößt weithin auf Unverständnis, gerade mit Blick auf Infektionskrankheiten in Afrika und anderen Regionen der Erde, die von Aids stark betroffen sind. Viele sehen in der Morallehre nur eine Anhäufung von Verboten, keine positive Orientierung. Dies betrifft auch die Haltung zur Homosexualität.

Von den Katholiken in einigen westlichen Ländern steht inzwischen nur noch eine Minderheit hinter dem rigorosen Nein ihrer Kirche zu gleichgeschlechtlichen Partnerschaften. Selbst unter katholischen Moraltheologen wächst die Zahl derer, die solche Beziehungen für vereinbar mit der katholischen Lehre halten, sofern in ihnen die gleichen Maßstäbe wie bei heterosexuellen Partnerschaften gelten. Die katholische Lehre verlangt klar, dass Homosexuelle nicht wegen ihrer sexuellen Orientierung diskriminiert werden dürfen. Andererseits tut sich die Kirche schwer, der Gesellschaft und dem Staat eine Regulierung einschlägiger Fragen selbst im außerkirchlichen Bereich zuzugestehen. Zudem gelingt es Vertretern der katholischen Lehre und Leitung nicht immer, in der öffentlichen Diskussion jene Achtung gegenüber Homosexuellen zu wahren, die der Katechismus fordert.

Dies wird auch in der Debatte über die Position von Papst Franziskus zu diesem Thema deutlich. Seine Haltung wurde nach der Wahl kontrovers erörtert. Als Erzbischof von Buenos Aires äußerte Jorge Mario Bergoglio seine Ablehnung gleichgeschlechtlicher Ehen in Argentinien drastisch: Es sei der Versuch, »Gottes Plan zu zerstören«. Einen entsprechenden Gesetzesvorschlag nannte Bergoglio einen »Schachzug des Vaters der Lügen, der die Kinder Gottes zu verwirren und zu täuschen versucht«. Zugleich beteuerte er im Gespräch mit dem Rabbiner Abraham Skorka, dass er zu keiner Zeit abwertend über Homosexuelle gesprochen habe, sondern es ihm lediglich um die rechtlichen Regelungen gegangen sei. »Die Religion hat kein Recht dazu, sich in irgendjemandes Privatleben einzumischen. Wenn Gott bei der Schöpfung das Risiko einging, uns die Freiheit zu schenken, wer bin ich, dass ich mich dagegenstellen könnte?« Homosexualität habe es schon immer gegeben, sagte Bergoglio. Dagegen sei auch nichts einzuwenden. Doch noch nie habe die Menschheit daraus den Schluss gezogen, dass gleichgeschlechtliche Paare eine Ehe eingehen könnten wie Mann und Frau. »Ich sehe darin einen anthropologischen Rückschritt. Ich sage das, weil dieser Vorgang über die religiöse Frage hinausgeht.«

Eine heftige Diskussion ist darüber entbrannt, ob Bergoglio seinerzeit zwar gegen die Homoehe gewesen sei, zugleich aber nichts eingewendet habe gegen zivilrechtliche Regelungen für gleichgeschlechtliche Partnerschaften. Einige Befürworter dieser Position, wie der Theologe Marcelo Marquéz, behaupten, er habe ihnen gegenüber im persönlichen Gespräch diese Möglichkeit als akzeptabel bezeichnet. Auch Mitarbeiter der Bischofskonferenz bestätigen gegenüber Journalisten, dass Bergoglio eine solche vermittelnde Position versucht habe einzunehmen, damit in der Bischofskonferenz aber nicht erfolgreich gewesen sei. Offizielle Stellungnahmen Bergoglios dazu gibt es allerdings nicht.

Auch beim Zölibat wünschen weite Kreise der Katholiken Veränderungen. Dabei geht es nicht um eine gänzliche Abschaffung der ehelosen Lebensform für Kleriker, sondern um eine Freistellung. Dieser Forderung liegen zwei Erfahrungen zugrunde: zum einen der Priestermangel. In weiten Teilen Lateinamerikas und Asiens fehlen nach wie vor Priester. In Brasilien beispielsweise wuchs zwar die Zahl der Priester zwischen 1990 und 2010 um 55 Prozent. Doch noch immer sind für 125 Millionen Katholiken nur rund 22 000 Priester im Einsatz, also ein Priester für 5700 Katholiken. Zum Vergleich: In Deutschland mit seinen 14 800 Priestern betreut ein

Geistlicher 1600 Gläubige. Hinzu kommt, dass die Entfernungen in Brasilien viel größer sind, die ein Priester zurücklegen muss, wenn er von einer zur nächsten Gemeinde reist – oft braucht er dafür Tage. In Europa und Nordamerika nimmt die Zahl der Priester stetig ab; es wird immer schwieriger, bestehende Seelsorgestrukturen aufrechtzuerhalten. Mit einer Aufhebung des Pflichtzölibats, so die Hoffnung, könnten auch verheiratete Männer Priester werden und damit die Zahl der Priester steigen. Kritiker verweisen hingegen auf die Situation in den protestantischen Kirchen, die ebenfalls mit Nachwuchssorgen kämpfen. Daneben machen viele Gläubige die Erfahrung, dass Priester bereits in einer Beziehung leben, sei es in einer heterosexuellen oder in einer homosexuellen. Für viele Gemeinden stellt das kein Problem dar. Oft werden solche Beziehungen auch von der Kirchenleitung geduldet, solange niemand Anstoß nimmt. Doch dadurch leidet die Glaubwürdigkeit der Kirche. Viele Katholiken empfinden einen Widerspruch zwischen der Verteidigung des Zölibats durch das Lehramt – teils sogar durch die Unterbindung einer Diskussion darüber – und einer anders erfahrenen Praxis. Außer Frage steht, dass eine sehr große Zahl von Priestern ihr Zölibatsversprechen treu lebt. Aber auch auf anderen Kontinenten stellt die priesterliche Ehelosigkeit eine große Herausforderung dar. In Afrika steigt zwar die Zahl der Berufungen, doch mit der Keuschheit vieler Geistlicher steht es nicht zum Besten.

Nicht nur angesichts des Priestermangels wünschen sich viele Katholiken mehr Mitbestimmung und Verantwortung für Laien. Bestärkt sehen sie sich darin durch Beschlüsse des II. Vatikanischen Konzils. Demnach sollen die Laien sowohl in der Kirche als auch in der Welt Anteil an der Sendung des Volkes Gottes haben. Um ihrem Apostolat in der Kirche gerecht zu werden, wurden in der Folge des Konzils verschiedene Räte auf Pfarrei-, Dekanats- und Diözesanebene ins Leben gerufen. Sie haben oft nur beratende Funktion. Viele engagierte Katholiken machen die Erfahrung, dass die Zusammenarbeit mit den Geistlichen stark von der jeweiligen Person und ihrer Bereitschaft zu Kooperation abhängt. Daher wünschen sie sich mehr institutionalisierte Verantwortung sowie demokratischere Strukturen. Dabei kann es natürlich nicht um eine Abstimmung über Glaubenswahrheiten gehen, sondern etwa um Personalentscheidungen. Bisher geschehen Ernennungen von Pfarrern oder Bischöfen von oben. Eine Beteiligung des Kirchenvolks ist nicht vorgesehen. Das führt immer wieder zu Enttäuschungen bei Laien, die sich zwar für ihre Kirche engagieren, denen aber eine Mitgestaltung in diesem Punkt verwehrt bleibt.

Ähnlich verhält es sich bei den Frauen: Sie tragen einen großen Teil kirchlicher Aktivitäten und sind in vielen Pfarreien die Säulen des Gemeindelebens. Trotzdem sind sie nach wie vor nur selten in Verantwortungspositionen vertreten. Von Weiheämtern, sei es Diakonat oder Priestertum, geschweige denn dem Bischofsamt, sind sie völlig ausgeschlossen. Während beim Zölibat die Kirchenhierarchie in der Vergangenheit einen theoretischen Spielraum signalisiert hat, weil es sich um ein Kirchengesetz und nicht um sogenanntes göttliches Recht handle, sind die Aussagen zum Priesteramt definitiv. Mit Verweis auf das Wirken Jesu sieht sich die katholische Kirche nicht imstande, Frauen zu Priestern zu weihen. Damit bleibt ihnen auch das Diakoninnenamt verwehrt, denn theologisch stehen die drei Ämter Diakon, Priester, Bischof in einem inneren Zusammenhang. Als Vorschlag steht seit langer Zeit im Raum, ein eigenes Diakonenamt für Frauen zu schaffen, das sich von dem für Männer unterscheidet und nicht durch eine sakramentale Weihe übertragen wird. Unabhängig davon müssen sich die Bischöfe und der Papst aber fragen lassen, ob die vorhandenen Möglichkeiten für Frauen in Leitungsfunktionen bereits ausgeschöpft werden. In einzelnen Bistümern in Deutschland stehen Frauen in leitenden Funktionen in den Ordinariaten und Seelsorgeämtern. Selbst Papst Benedikt XVI. meinte auf die Frage eines jungen Klerikers im März 2006, dass die Frage durchaus berechtigt sei, ob man den Frauen nicht auch im Dienstamt »mehr Raum, mehr Positionen mit größerer Verantwortung anbieten könnte«. Deutliche Zeichen wurden zumindest im Vatikan bisher nicht gesetzt.

Viele dieser Reformthemen sind mit dem II. Vatikanischen Konzil verbunden. Unter dem Pontifikat von Benedikt XVI. kam vereinzelt die Frage auf, wieweit der Papst noch hinter dessen Beschlüssen steht. Besonders virulent wurde dies beim Versöhnungsversuch Benedikts XVI. mit der traditionalistischen Piusbruderschaft, die wichtige Entscheidungen des Konzils ablehnt, zum Beispiel die Öffnung der katholischen Kirche gegenüber anderen Religionen und christlichen Kirchen oder die Liturgiereform. Auch wenn Benedikt XVI. mehrfach deutlich machte, dass er nicht hinter das Konzil zurück möchte, und von den Piusbrüdern eine bedingungslose Anerkennung des Konzils und der Lehrentscheidungen der folgenden Päpste verlangte, konnte er sich nie ganz von dem Verdacht der »Rolle rückwärts« befreien. Vor allem die Zulassung der außerordentlichen Form des römischen Ritus, der sogenannten Tridentinischen Messe, im Juli 2007 nährte diesen Eindruck. Zudem betonte Benedikt XVI., der als junger Theologe selbst am Konzil teilgenommen hatte, stets den Vorrang der Kontinuität in der Konzilsdeutung vor einer Interpretation, die einen Bruch mit der Tradition und einen radikalen Neuanfang in den Vordergrund stellte. Doch gerade das Scheitern einer Aussöhnung mit der Piusbruderschaft belegt, dass Benedikt XVI. auf der Anerkennung des Konzils bestand. Mehr noch lässt Papst Franziskus in Worten und Gesten keinen Zweifel daran, dass er sich in der Tradition des II. Vatikanums sieht. Für die Piusbruderschaft muss mit der Wahl Bergoglios klar sein, dass es schwieriger werden wird, zugleich ihre traditionalistischen Positionen zu bewahren und eine Versöhnung mit Rom zu erreichen. Aber auch die übrigen Gläubigen warten auf ein Signal aus Rom.

Während einerseits viele Gläubige Reformen wünschen, formiert sich auf der anderen Seite eine Gruppe, die die Veränderungen ablehnt und eine stärkere Rückbesinnung auf die katholische Tradition fordert. Das führt zu einer wachsenden Polarisierung innerhalb der katholischen Kirche. Die Reformer stehen den Bewahrern immer unversöhnlicher gegenüber. Das schlägt sich auch im Sprachgebrauch nieder, beispielsweise in Internetforen oder bei Diskussionsveranstaltungen, die oft von starker Polemik geprägt sind. Teilweise spricht man der Gegenseite die Katholizität ab. Ein innerkatholischer Dialog wird dadurch erschwert. Angesichts der Sprachunfähigkeit zwischen Reformern und Bewahrern in der katholischen Kirche forderte Kurienkardinal Walter Kasper im Sommer 2011 eine »verbale Abrüstung«.

Eine andere Form der Polarisierung stellt die sehr stark unterschiedliche Akzentuierung der vordringlichsten Probleme im »Norden« und »Süden« der katholischen Kirche dar. Während in Europa und Nordamerika die innerkirchlichen und theologischen Themen im Vordergrund stehen, sind es für die Gläubigen in Afrika, Asien und Lateinamerika viel stärker existenzielle Fragen: Armut, Hunger, die zunehmende soziale Ungerechtigkeit, die Bedrohung durch Naturkatastrophen und den Klimawandel. Hier erwarten die Menschen die Hilfe und ein politisches Engagement der Kirche. Diese unterschiedlichen Akzentuierungen in »Nord« und »Süd« fordern den ältesten Global Player der Welt heraus. Während die Welt im Zeitalter der Globalisierung immer mehr zu einem Dorf zu werden scheint, wird auf paradoxe Weise immer klarer, dass für bestimmte Probleme lokale oder regionale Lösungen gefordert sind. Je weiter die Globalisierung voranschreitet, umso drängender wird die Frage, wie viel Einheit in der Vielfalt möglich und notwendig ist, damit die Kirche als Global Player überleben kann. Ein stark europäisch geprägter Katholizismus mit europäisch geprägter Liturgie und Theologie ist nur bedingt kompatibel zu den Kulturen Asiens und Afrikas. Eine entscheidende Frage für den neuen Papst wird daher sein, wie er dieses Verhältnis von Einheit und Vielheit austarieren wird.

KIRCHE IM 21. JAHRHUNDERT
Herausforderungen von außen

N eben den internen Herausforderungen sehen sich Papst Franziskus und seine Kirche aber auch mit einer Reihe von externen Problemen konfrontiert. Dazu gehört die vor allem in Europa und Nordamerika weiter zunehmende Säkularisierung, die mit einem immer selbstbewusster auftretenden Atheismus einhergeht. Die zum Teil sehr heftig geführten und manchmal an Kulturkampfzeiten erinnernden Auseinandersetzungen um die Anerkennung von eheähnlichen Rechten für gleichgeschlechtliche Partnerschaften sind ein Indiz für die Veränderungen in einer Gesellschaft kultureller Vielfalt. Hier gilt es, ein neues Verhältnis zwischen Kirche und Politik, Religion und Gesellschaft auszuloten. Papst Benedikt XVI. hat mit seinen großen Reden zu den Grundlagen einer modernen Gesellschaft versucht, die katholische Kirche in einen Diskurs mit den verschiedenen geistigen Strömungen in Europa zu bringen. Seine »Septemberreden« gehören sicher zum Vermächtnis des deutschen Pontifex, das über den Rücktritt hinaus zur Diskussion anregen wird. In Regensburg ging es ihm in seiner umstrittenen Rede im September 2006 um das rechte Verhältnis von Glaube und Vernunft. Ein Jahr später mahnte er in der Wiener Hofburg Europa, seine christlichen Wurzeln nicht zu verleugnen. Eine Gemeinschaft brauche gemeinsame Werte. In Paris erklärte er im September 2008, dass auch ein laizistischer Staat nicht ohne Religion auskomme. In Prag kritisierte der Papst 2009 eine Freiheit, die keine Solidarität und Werte kennt – Benedikts Kampf gegen Relativismus und Säkularisierung. In der Westminster Hall in London kritisierte er im September 2010 eine wachsende Ausgrenzung der Religion, ihrer Feste und Riten aus dem öffentlichen Leben im Namen einer angeblichen Religionsfreiheit. Im Deutschen Bundestag sprach Benedikt XVI. schließlich 2011 über die Grundlagen des freiheitlichen Rechtsstaates und mahnte: In den Grundfragen des Rechts, in denen es um die Würde des Menschen gehe, reiche das Mehrheitsprinzip nicht aus. Er forderte zum Schutz des kulturellen Erbes Europas auf.

Mit der voranschreitenden Globalisierung wird der Dialog der Kulturen und Religionen auf allen Ebenen immer wichtiger. So fordert in Europa neben der bereits beschriebenen Säkularisierung die stärkere Präsenz des Islam die Christen heraus, ihre eigene Position klarer zu bestimmen. In vielen Regionen der Welt geraten die Christen, wenn sie in der Minderheitensituation sind, durch fundamentalistische Strömungen in anderen Religionen in Bedrängnis, wie in Teilen Indiens durch radikale Hindus. Der Islam stellt die Christen gerade im Nahen Osten, im Norden Afrikas, etwa im Sudan, in Algerien oder in Nigeria, aber auch in einigen asiatischen Ländern wie Pakistan oder Indonesien vor große Herausforderungen. Hier geraten die Christen durch eine Radikalisierung von Teilen des Islams zunehmend unter Druck. Ihre Zukunft in den Ländern des arabischen Frühlings ist ungewiss. Noch ist nicht klar, ob die Hoffnung auf eine Demokratisierung der Gesellschaften in Erfüllung geht und mit dieser einher ein friedliches Miteinander der verschiedenen Religionen in den Ländern Nordafrikas und des Nahen Ostens, inklusive des Heiligen Lands mit dem Konflikt zwischen Israelis und Palästinensern, in dem zunehmend auch die Christen aufgerieben werden.

In Asien warten große Aufgaben auf den Papst. Da sind Länder wie Vietnam und China, wo die Zahl der Katholiken wächst, die Seelsorge aber schwierig ist. Zu beiden Ländern gibt es keine diplomatischen Beziehungen. Im Falle Vietnams scheint sich das Verhältnis in den letzten Jahren zu verbessern. Seit längerer Zeit gibt es Verhandlungen, um die Beziehungen zu normalisieren. Im Januar 2013 traf der Generalsekretär der kommunistischen Partei Vietnams, Nguyen Phu Trong, mit Benedikt XVI. im Vatikan zusammen. Beobachter hatten sogar schon 2012 über eine Reise Benedikts XVI. in das kommunistische Land spekuliert. Doch es gibt noch immer Probleme. Im Vatikan ist man zuversichtlich, mit Vietnam sei man auf einem guten Weg, heißt es. Schwieriger sieht es mit China aus. Derzeit leben dort geschätzt 13 Millionen Katholiken. Benedikt XVI. hatte versucht, mit den Machthabern in Peking in einen Dialog zu treten. Im Juni 2007 schrieb er einen Brief an Chinas Katholiken. Darin forderte er zu einer Aussöhnung zwischen Untergrundkirche und offizieller katholischer patriotischer Vereinigung auf. Im Mai 2008 spielte ein chinesisches Orchester in der vatikanischen Audienzhalle für den Papst. Doch trotz dieser vertrauensbildenden Maßnahmen gab es bisher keine großen Fortschritte. Ein Streitpunkt sind die Bischofsernennungen. Rom besteht darauf, seine Bischöfe frei ernennen zu dürfen. China wertet das als Einmischung in innere Angelegenheiten.

Die Fronten scheinen zu Beginn des Pontifikats von Papst Franziskus verhärtet. Schafft vielleicht der Jesuit auf dem Stuhl Petri einen Durchbruch in China? Die Jesuiten sind seit Jahrhunderten im Reich der Mitte aktiv. Lange Zeit genossen sie große Hochachtung. Unvergessen ist der Jesuit Matteo Ricci. Der wohl bedeutendste China-Missionar wirkte Ende des 16. Jahrhunderts. In Anerkennung seiner Leistungen als Mittler zwischen den Kulturen ist er einer der wenigen Europäer, die auf einem Wandgemälde im Millenniumsdenkmal in Peking abgebildet sind, das zum Jahr 2000 eingeweiht wurde.

Asien ist zusammen mit Afrika der Kontinent, auf dem die katholische Kirche am stärksten wächst. 2010 gab es in Asien einen Zuwachs von 3,8 Millionen Katholiken auf rund 140 Millionen, in Afrika stieg die Zahl um 6,1 Millionen auf insgesamt 183 Millionen Katholiken. Damit leben 15 Prozent der Katholiken in Afrika und zehn Prozent in Asien. 488 Millionen Katholiken und somit 40 Prozent sind es in Südamerika, Tendenz leicht sinkend. Das ist auch in Europa der Fall, wo 278 Millionen, also knapp ein Viertel aller Katholiken leben. In Nordamerika hat die katholische Kirche rund 87 Millionen (neun Prozent) und in Ozeanien neun Millionen Mitglieder (ein Prozent). Insgesamt gibt es rund 1,2 Milliarden Katholiken mit einem jährlichen Zuwachs weltweit von rund 1,2 Prozent und damit etwa gleichauf mit dem Wachstum der Weltbevölkerung.

Eine der großen Herausforderungen für die katholische Kirche sind die evangelikalen und pfingstlerischen christlichen Kirchen und Gemeinschaften. Sie sind vor allem in Asien, Afrika und Lateinamerika auf dem Vormarsch. In Brasilien etwa ist der Anteil der Katholiken an der Bevölkerung allein in den zehn Jahren zwischen 2000 und 2010 von 74 Prozent auf 64 Prozent zurückgegangen, während die pfingstlerischen und evangelikalen Kirchen ihren Anteil von 15 auf 22 Prozent ausbauen konnten. Der Erfolg der Evangelikalen hängt unter anderem mit der zunehmenden sozialen Ungerechtigkeit zusammen. Sie versuchen mit ihren Pastoren nahe an den Menschen mit ihren Nöten zu sein.

Im Zeitalter der Globalisierung und der Dominanz der Wirtschaft ist die soziale Frage eine der zentralen Herausforderungen für alle Gesellschaften weltweit und damit auch für die katholische Kirche. Verschärft werden die Probleme durch die ungleiche Verteilung der Ressourcen sowie die anhaltende Ausbeutung großer Teile der Länder des Südens durch Europa, Nordamerika, Russland und in immer stärkerem Ausmaß auch China. Mit diesem Thema ist die Frage nach einer nachhaltigen Entwicklung eng verbunden, die eben auch den Umweltschutz und die Bewahrung der natürlichen Lebensgrundlagen des Menschen berücksichtigt. Gerechtigkeit und Bewahrung der Schöpfung sind ureigenste Themen des christlichen Glaubens. Sie werden in Zukunft angesichts der weltweiten Entwicklungen im sozialen, politischen und wirtschaftlichen Bereich eine noch größere Rolle spielen und damit auch mehr die Agenda der katholischen

Kirche bestimmen. Das macht Papst Franziskus schon in den ersten Wochen seines Pontifikats deutlich.

Soziale Fragen und die Verkündigung des Evangeliums stehen für Franziskus im Zentrum. Das, was in Westeuropa und Nordamerika oft und intensiv diskutiert wird, rückt in den Hintergrund. Nicht dass die Themen Zölibat, Laien und Frauen in der Kirche, Mitbestimmung, der Umgang mit Homosexuellen und wiederverheirateten Geschiedenen keine Rolle mehr spielten. Aber sie stehen nicht mehr im »Dauerfokus«, wie das zuvor der Fall war. Das Spektrum weitet sich. Die sozialethischen Fragen bekommen mehr Gewicht.

DER KARDINAL DER ARMEN
Befreiungstheologie praktisch bei
Jorge Mario Bergoglio

Der »Kardinal der Armen«, so lernt die Welt den Erzbischof von Buenos Aires nach seiner Wahl zum Papst kennen. Ein Mann, der nicht ins Bischofspalais zieht, sondern eine einfache Dreizimmerwohnung hinter der Kathedrale bewohnt. Ein Mann, der mehr in den Armenvierteln seiner Stadt unterwegs ist als auf den Empfängen der Schönen und Reichen. Ein Mann, der kein Blatt vor den Mund nimmt, wenn es darum geht, soziale Ungerechtigkeit, Korruption und Klientelpolitik anzuprangern. Mehrfach kommt es dabei auch mit der Regierung des Landes zu heftigen Auseinandersetzungen, und zwar nicht nur im Streit um die Homoehe, sondern eben gerade auch bei sozialethischen Themen. So nutzt Kardinal Bergoglio den Nationalfeiertag am 25. Mai regelmäßig, um im Rahmen eines Gottesdienstes, an dem auch viele Regierungsmitglieder teilnehmen, klare Botschaften zu senden. 2012 kritisierte er, dass Macht als einzige Ideologie eine »Lüge« sei. »Wir wissen schon, wohin uns die gefräßige Machtgier, das Aufzwingen des eigenen Willens und die Verunglimpfung des Andersdenkens führt: zur Einschläferung des Gewissens und zum Verlassensein.« Ob er dabei die amtierende Präsidentin Cristina Fernandez Kirchner im Blick hatte? Cristina Kirchner, wie schon ihr verstorbener Mann Néstor, der vor ihr Präsident war, pflegt zwar seit Jahren aufgrund der kritischen Predigten des Erzbischofs am Nationalfeiertag Gottesdienste in anderen Regionen des Landes zu besuchen, doch die Botschaft war deutlich. Die Präsidentin geht bisweilen nicht zimperlich mit ihren politischen Geg-

nern um und bedenkt sie in Reden durchaus auch mit ab-
schätzigen oder verletzenden Bemerkungen. So ganz wohl
dürfte sich Cristina Kirchner nicht gefühlt haben, als sie ihren
einstigen Gegner am 18. März 2013 nun als Papst im Vatikan
wiedertraf. Er, der soziale Ungerechtigkeit anprangert und in
fast schon provokativer Einfachheit lebt, sie als Vertreterin
einer Familie, die nach Angaben der argentinischen Finanz-
behörden zwischen 2003 und 2013 ihr Vermögen von 1,3 Millionen US-Dollar auf 15 Millionen US-Dollar mehr als ver-
zehnfacht hat.

Für solche Entwicklungen findet der langjährige Erzbischof von Buenos Aires stets klare Worte. Angesichts der
zunehmenden sozialen Ungerechtigkeiten infolge der Wirt-
schaftskrise, die seit Beginn des Jahrtausends die Menschen
rund um den Globus und natürlich auch in seinem Heimatland in Atem hält, kritisiert er in einem Zeitungsinterview
2002 die »Tyrannei des Marktes«. Er spricht von einem »wirtschaftlichen und finanziellen Terrorismus«, der dazu geführt
habe, dass es immer mehr Reiche und immer mehr Arme
gebe, die Mittelschicht aber kaum noch existiere. Der gegen-
wärtige »Imperialismus des Geldes« habe eindeutig das Gesicht eines Götzen. Und wo es Götzendienst gebe, werde
Gott negiert und damit auch die Würde des Menschen. Spekulationen und der Götzendienst des Geldes seien die Sünden unserer Zeit, die vor Gott nach Rache schrien, wird
Bergoglio in dem Interview zitiert. Ähnlich deutlich äußert er
sich bei der letzten CELAM-Generalversammlung im Mai
2007 im brasilianischen Aparecida. Da kritisiert er die zunehmende Ungerechtigkeit und soziale Ungleichheit, weil in der
Gegenwartsgesellschaft, die durch wissenschaftlichen und
technologischen Fortschritt sowie eine zunehmende Globalisierung geprägt sei, nur noch das Recht des Stärkeren gelte.
Als Folge gebe es heute einen großen Teil der Bevölkerung,
der von der gesellschaftlichen Teilhabe ausgeschlossen und
ausgegrenzt sei. Die Ausgeschlossenen seien keine »Ausge-
beuteten«, sondern würden als »Abfall« angesehen. Es bestehe

eine ungerechte Verteilung des Besitzes, der eine soziale Sünde sei, die zum Himmel schreie, so Bergoglio. Für ihn steht außer Zweifel, dass die Kirche an der Seite der Armen stehen muss. Dabei belässt er es aber nicht bei reiner Nächstenliebe, sondern fordert als Konsequenz auch die Veränderung von Strukturen, um aus der Spirale von Ungerechtigkeit, Unterdrückung und Ausgrenzung auszubrechen. Er fordert den Einsatz dafür, dass die Armen möglichst schnell wieder in die Gesellschaft integriert werden. Dafür die Voraussetzung zu schaffen, beispielsweise durch Bildungs- und Ausbildungseinrichtungen, ist eines seiner großen Anliegen. Menschen brauchen Arbeit, um menschenwürdig leben zu können, lautet sein Credo. Dafür kritisiert er auch öffentlich Missstände in Politik, Gesellschaft und Wirtschaft.

Das erinnert an die Theologie der Befreiung, wie sie in den 70er und 80er Jahren des vergangenen Jahrhunderts in Lateinamerika aufgekommen ist. Es ist die Zeit, in der Jorge Mario Bergoglio Provinzial der Jesuiten in Argentinien ist. Innerhalb der Gesellschaft Jesu wie in der gesamten Kirche gibt es ein Ringen darum, wie die »Option für die Armen« in der Kirche konkret gelebt werden soll. In Mexiko-City etwa haben die Jesuiten eines der bedeutendsten Kollegien verkauft und sind in die Slums der Stadt gezogen, um dort zu leben und zu arbeiten. Eine Radikalität im Einsatz für die Armen findet sich also durchaus auch im Orden des Ignatius.

Die innerkirchlichen Diskussionen setzten in Lateinamerika bereits 1955 mit der ersten CELAM-Konferenz in Rio de Janeiro ein. CELAM ist der Zusammenschluss der katholischen Bischöfe Lateinamerikas und der Karibik. Im Nachgang zum II. Vatikanischen Konzil wird auf der zweiten CELAM-Generalversammlung 1968 in Medellín das Konzept der Theologie der Befreiung der Menschen aus Ausbeutung, Unterdrückung und Entrechtung weiter entfaltet. Zu den führenden Theologen gehören der Peruaner Gustavo Gutiérrez und der Argentinier Lucio Gera, den Bergoglio als seinen Lehrer bezeichnet. Die Befreiungstheologie entsteht in den

1960er Jahren in kirchlichen Basisgemeinschaften. Dort machen sich Laien und Priester gemeinsam Gedanken, wie sie die Menschen aus ihrem Elend befreien könnten. Von der Kirchenhierarchie fühlen sie sich im Stich gelassen und nehmen so das Heft selbst in die Hand. Nach dem Prinzip »sehen, urteilen, handeln« suchen sie nach Lösungen. Dabei halten auch marxistische und sozialistische Denkmodelle Einzug in Teile der Befreiungstheologie. Diese Entwicklung lehnt der Vatikan ab und führt in den 1980er Jahren einen erbitterten Kampf gegen eine Reihe von Befreiungstheologen wie den Franziskaner Leonardo Boff. Auch Pater Bergoglio sieht die Gefahr, dass über die Befreiungstheologie der Marxismus in die katholische Kirche Einzug halten könnte. Entsprechend reserviert zeigt er sich gegenüber Anhängern einer allzu ideologisch agierenden Theologie der Befreiung.

Er hängt einer anderen Form der Befreiungstheologie an, die von seinem Landsmann Lucio Gera geprägt ist. Gera wird 1924 in Norditalien geboren, wandert mit seinen Eltern 1929 nach Argentinien aus. Er wird Priester, studiert in Buenos Aires und Rom Theologie, promoviert schließlich in Bonn. Zurück in Argentinien, lehrt er als Dogmatikprofessor. Gera ist einer der Väter der Befreiungstheologie, prägt die CELAM-Konferenzen in Medellín (1968) und Puebla (1979) mit der Entfaltung der »Option für die Armen« entscheidend mit. Gustavo Gutiérrez bezieht sich in seinem ersten großen Werk mit dem Titel »Theologie der Befreiung« ausdrücklich auf Gera. Der wiederum bietet in Buenos Aires Kurse zur Umsetzung dieser Theologie an. Gera ist Mitglied der Bewegung »Priester für die Dritte Welt«. Sie ist in den 1960er Jahren in den Armenvierteln Argentiniens entstanden, um aktiv gegen die sozialen Missstände zu kämpfen. Umso erstaunlicher erscheint es, dass Papst Paul VI. Gera 1969 in die Internationale Theologenkommission beruft. Als Gera am 7. August 2012 stirbt, wird er auf ausdrücklichen Wunsch von Kardinal Bergoglio in der Bischofsgruft der Kathedrale von Buenos Aires beigesetzt. Das erregt Aufsehen, denn es ist unüblich, dass ein einfacher Priester, zumal ein Mitglied der Bewegung »Priester für die Dritte Welt«, dort begraben wird. Bergoglio lässt sich von den kritischen Stimmen nicht beirren und setzt ein klares Zeichen.

Wenn man von Befreiungstheologie spricht, wird oft übersehen, dass mit diesem Begriff sehr verschiedene Arten von Theologie bezeichnet werden. Daher ist auch ein Urteil darüber, wie Jorge Mario Bergoglio die Befreiungstheologie bewertet, nicht einfach zu fällen. Bestimmte Formen lehnt er sicher ab; andere unterstützt er und lebt sie schlicht. Es gibt verschiedene Versuche, die unterschiedlichen Typen der Befreiungstheologie zu kategorisieren. Ein solches Vorhaben ist immer schwierig und ruft sofort Kritiker hervor.

Dennoch soll hier eine Unterscheidung in Anlehnung an die Kategorisierung des Jesuiten Juan Carlos Scannone vorgenommen werden, um damit ein Beispiel für die Komplexität des Themas zu geben. Scannone hat viele Jahre mit Bergoglio in Bildungseinrichtungen der Jesuiten in Argentinien zusammengelebt und -gearbeitet. Scannone unterscheidet drei, streng genommen sogar vier verschiedene Strömungen der Befreiungstheologie: 1. Die Befreiungstheologie, die in der pastoralen Praxis der institutionalisierten Kirche ihren Ausgangspunkt nimmt. 2. Die Befreiungstheologie, die von der Praxis revolutionärer Gruppen ausgeht und gegenüber der Amtskirche höchst kritisch auftritt. 3. Die Befreiungstheologie, die in der historischen Praxis ihren Ausgangspunkt nimmt. Hier ordnet er Befreiungstheologen wie Leonardo Boff und Gustavo Gutiérrez ein.

Lucio Gera vertritt einen ganz eigenen vierten, befreiungstheologischen Ansatz. Er geht stark von der Volksfrömmigkeit aus. Diese »Theologie des Volkes« versucht die »Option für die Armen« aus einer anderen Perspektive heraus umzusetzen. Demnach muss die Theologie sehr stark auf das Volk hören und im Gespräch mit den Menschen sein, ihre konkreten Bedürfnisse erfragen und daraus das entsprechende Handeln im Licht des Evangeliums entwickeln. Es geht darum, von den Armen zu lernen. Gera versucht eine Synthese aus Glauben, Vernunft und Volksfrömmigkeit, um damit wiederum die Pastoral der Kirche zu befruchten. Die »Theologie des Volkes« versucht zwar auch eine Analyse der gesellschaftlichen Verhältnisse mit sozialwissenschaftlichen Kriterien, lehnt aber die Anwendung von marxistischen Schemata ab. Diese würden »die Völker in sozioökonomische Klassenkategorien hineinzwingen«, so Juan Carlos Scannone, der ebenfalls diesen Ansatz vertritt.

Andere Befreiungstheologen wie etwa Gustavo Gutiérrez sehen es durchaus als legitim an, in der Analyse Kategorien des Marxismus zu übernehmen, allerdings ohne zugleich auch dessen Ideologie mit in die Theologie einzubringen. Gera jedoch lehnt jegliche Anleihe beim Marxismus, sämtliche Vorstellungen revolutionärer Ideologien oder eines Klassenkampfes strikt ab. Sein Ansatz ist eher spirituell und weniger politisch. Er eröffnet dennoch konkrete soziale Implikationen für das kirchliche Handeln. So nutzt auch Gera den traditionellen Dreischritt »sehen, urteilen, handeln«, aber eben aus der Perspektive des Volkes. Entsprechend sieht er das Handeln der Basisgemeinschaften nicht in Abgrenzung oder gar in Opposition zur kirchlichen Hierarchie, sondern versucht einen gemeinsamen Weg. Zusammen mit Lucio Gera gehört übrigens Rafael Tello (1918-2002) zu den Begründern der »Theologie des Volkes«. Tello wird 1979 vom damaligen Erzbischof von Buenos Aires wegen seiner befreiungstheologischen Positionen die Lehrerlaubnis als Theologieprofessor an der Katholischen Universität von Buenos Aires entzogen. Im Sommer 2012 stellt Erzbischof Jorge Mario Kardinal Bergoglio an ebendieser Universität ein Buch Tellos vor und fordert dessen Rehabilitierung. In seiner Rede bezeichnet er die »Theologie des Volkes« als Grundlage für die Evangelisierung Argentiniens.

Große Sympathie hegt Jorge Mario Bergoglio auch für den 1980 ermordeten salvadorianischen Erzbischof Oscar Romero, einem der bekanntesten Vertreter der Befreiungstheologie. Der heutige Papst ist überzeugt, dass Romero ein Märtyrer und Heiliger ist. Beim Empfang des Diplomatischen Korps wenige Tage nach seiner Wahl soll Franziskus gegenüber der Frau des salvadorianischen Präsidenten, Vanda Pignato, seine Hoffnung geäußert haben, dass die Seligsprechung von Oscar Romero so bald wie möglich stattfinden könne. Nach Angaben der englischen katholischen Wochenzeitung »The Tablet« habe der Papst das gesagt, nachdem er eine Reversnadel mit dem Bild Romeros gesehen hatte, die Frau Pignato bei der Gelegenheit getragen hatte.

Kardinal Bergoglio unterstützt in der Tradition dieser besonderen Form der Theologie der Befreiung die modernen Sozialwissenschaften zur Analyse der gesellschaftlichen Situation. Im Oktober 2001 gründet er als Großkanzler der Katholischen Universität von Buenos Aires das »Observatorium für soziale Schuld«. Heute arbeiten dort 12 Wissenschaftler. Forschungsschwerpunkt ist die Situation der in der Gesellschaft Argentiniens Marginalisierten: Arbeitslose, Schwarzarbeiter, moderne Sklaven, Wohnsitzlose. Nach Angaben des Instituts lebt einer von vier Argentiniern in struktureller Armut. Es gibt 20 Prozent Arbeitslose im Land, 25 Prozent Schwarzarbeiter. Das Institut hat es mit der Unterstützung Bergoglios geschafft, zu einer unabhängigen und anerkannten Stimme der Gesellschaftsanalyse in Argentinien zu werden. Mit Hilfe der Einrichtung gelingt es der katholischen Kirche im Land, ihre Kritik an den sozialen Missständen wissenschaftlich fundiert zu untermauern.

Für Papst Franziskus ist Armut keine soziologische Größe, sondern eine theologische. Daraus ergeben sich in der Konsequenz vielleicht gar keine so großen Unterschiede im Ziel des Handelns, doch entspringt dieses einer anderen Motivation. Jorge Mario Bergoglio ist kein großer Theoretiker, kein universitärer Theologe. Er hat kein Gelehrtenleben geführt. Er ist ein Praktiker und Macher, der auf einem soliden spirituellen und theologischen Fundament steht. Dabei hat er sich Gedanken und Vokabeln der klassischen Befreiungs-

Habemus Papam: Papst Franziskus segnet die Gläubigen nach seiner Wahl
am Abend des 13. März 2013 von der Mittelloggia des Petersdoms in Rom

Links: Aus dem Familienalbum:
Jorge Mario Bergoglio (links)
und sein Bruder Oscar in den
1940er Jahren in Buenos Aires,
Argentinien
Unten: Jorge Mario Bergoglio im
Kreis der Familie

oben: Der Fußballfan Bergoglio mit dem Trikot seiner Mannschaft von San Lorenzo de Almagro

unten: Unterwegs in der U-Bahn von Buenos Aires

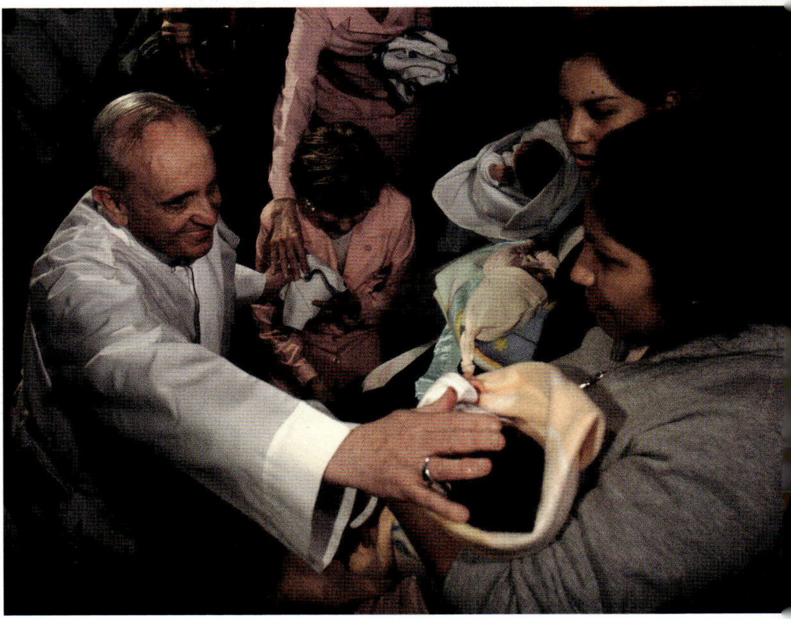

Oben: In der Armensiedlung (Favela) 31 von Buenos Aires bei einer Ge
denkmesse im Jahr 2000 für den ermordeten Priester Carlos Mugica
Unten: Bei einer Kindertaufe im März 2011

Rom, Vatikan, am 21. Februar 2001: Papst Johannes Paul II. erhebt Erzbi-
chof Bergoglio von Buenos Aires zum Kardinal

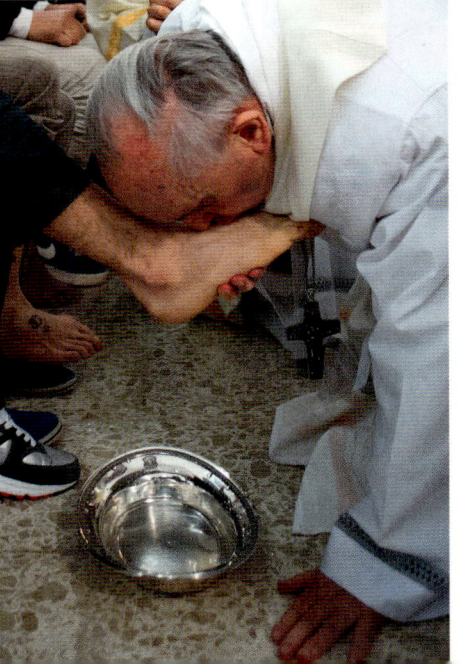

Oben: Papst Franziskus
empfängt am 19. März 2013
die Insignien seines Amtes –
hier den Fischerring – aus
der Hand des Kardinal-
dekans Angelo Sodano
Links: Am Gründonnerstag,
dem 28. März 2013, wäscht
Papst Franziskus in Erinnerung an die Fußwaschung
der Jünger Jesu in der
römischen Jugendstrafanstal
Casal del Marmo 12 jugendlichen Gefangenen die Füße

Oben: Papst Franziskus
mit Bundeskanzlerin
Angela Merkel nach seiner
Amtseinführung am
19. März 2013 im
Petersdom

Rechts: Papst Franziskus
sucht am 23. März 2013
seinen Vorgänger Benedikt
XVI. in der päpstlichen
Sommerresidenz in Castel
Gandolfo auf

Der Papst empfängt am 8. April 2013 EKD-Ratspräsident Nikolaus
Schneider im Vatikan

theologie zu eigen gemacht, ohne die ganze Last der Ausein-andersetzung dieser Denkrichtung mit zu übernehmen. Wie selbstverständlich spricht er davon, dass die Kirche an die Peripherien gehen muss. Das ist eine klassische Forderung der Befreiungstheologie und bezieht sich vor allem auf die »materiellen« Ränder der Gesellschaft.

Schon als Weihbischof in Buenos Aires schickt Bergoglio in den 1990er Jahren junge Priester in die Elendsviertel der argentinischen Hauptstadt. Er will das Netz der »curas ville-ros«, der Armenpriester, wieder ausbauen. Seit den 70er Jah-ren gibt es sie. In den 80er Jahren nimmt die Zahl, bedingt durch die Kritik der kirchlichen Hierarchie an der Befrei-ungstheologie, stark ab. Die neue Generation ist weit entfernt vom politischen Kampf. Ihr geht es darum, das Leben mit den Menschen in den Villas miserias, wie die Armenviertel in Buenos Aires heißen, zu teilen. Als im Juli 2008 Rodolfo Ric-ciardelli, einer der Gründer der Bewegung »Priester für die Dritte Welt« und zugleich einer der ersten »curas villeros« stirbt, kommt Kardinal Bergoglio in die Villa, um mit den Menschen den Trauergottesdienst zu feiern. Damals lebten bereits wieder mehr als 30 Armenpriester in den Villas mise-rias. Meistens sind es junge Priester, die der Erzbischof nach der Priesterweihe dazu ermutigt, in die »Peripherie« zu ge-hen. Das ist Befreiungstheologie praktisch. Interessant ist, dass Befreiungstheologen wie Leonardo Boff oder Jon Sobri-no in ihren ersten Reaktionen nach der Wahl Bergoglios zum Papst positiv reagierten. Beide wurden vom Vatikan in der Vergangenheit gemaßregelt. Sie verbinden mit dem neuen Papst die Hoffnung, dass er längst notwendige Reformen in der Kirche durchführt und die »Option für die Armen« kon-sequent umsetzt.

Jorge Mario Bergoglio erinnert in seinem Verhalten als Erzbischof und Papst an einige Konzilsväter, die sich am Rande des II. Vatikanischen Konzils im sogenannten »Kata-kombenpakt« zusammengeschlossen hatten. Sie verpflichte-ten sich darauf, eine einfache und arme Kirche an der Seite der Armen zu leben, auf bischöflichen Prunk und Machtinsignien zu verzichten. Setzt sich nun nach 50 Jahren das als prägender Stil durch, was diese rund 40 Bischöfe beim Konzil für sich als »Zeichen der Zeit« erkannt haben? Der Katakombenpakt ist in Vergessenheit geraten. Es ist nicht bekannt, dass Bergoglio sich in seinem Handeln ausdrücklich auf diese Vereinbarung beziehen würde. Er nimmt für sich in Anspruch, in einer radikalen Christusnachfolge zu leben. Darin trifft er sich mit den Mitgliedern des Katakombenpakts, denn auch für sie war die authentische Jesusnachfolge die Motivation für ihr Engagement.

Bei der letzten CELAM-Generalversammlung im Mai 2007 in Aparecida verabschieden die Teilnehmer neben dem Schlussdokument eine kurze Botschaft. An deren Ende steht eine Zusammenfassung dessen, was die Bischöfe sich und der katholischen Kirche Lateinamerikas als Selbstverpflichtung für die Zukunft mit auf den Weg geben. Es umreißt das, was auch Kardinal Jorge Mario Bergoglio als Aufgabe für die Kirche sieht und in den folgenden Kapiteln weiter ausgeführt werden wird:

»In Medellín und Puebla haben wir am Ende gesagt: ›WIR GLAUBEN.‹ In Aparecida rufen wir wie in Santo Domingo mit all unserer Kraft aus: ›WIR GLAUBEN UND HOFFEN.‹

Wir hoffen:

Eine lebendige, treue und glaubwürdige Kirche zu sein, die sich vom Wort Gottes und der Eucharistie nährt.
Unser Christsein als Jünger und Missionare Jesu Christi mit Freude und Überzeugung zu leben.
Lebendige Gemeinschaften zu bilden, die den Glauben nähren und zu missionarischem Handeln anregen.
Die verschiedenen kirchlichen Organisationsformen im Geist der Communio zu respektieren.
Mündige Laien zu fördern, die Mitverantwortung für die

Sendung übernehmen, Gottes Reich verkünden und erfahr-
bar machen.
Die Frauen in Gesellschaft und Kirche aktiv zu beteiligen.
An unserer vorrangigen und dem Evangelium entsprechen-
den Option für die Armen mit neuem Bemühen festzuhalten.
Die jungen Leute bei der Suche nach Identität, Berufung und
Sendung und in ihrer Ausbildung zu begleiten, indem wir un-
sere Option für sie erneuern.
Mit allen Menschen guten Willens am Aufbau des Reiches
Gottes zusammenzuarbeiten.
Die Pastoral des Lebens und der Familie mutig zu stärken.
Unsere indigenen und afroamerikanischen Völker zu ehren
und zu achten.
Im ökumenischen und im interreligiösen Dialog Fortschritte
zu machen, ›damit alle eins werden‹.
Diesen Kontinent zum Modell für Versöhnung, Gerechtigkeit
und Frieden zu machen.
Die Schöpfung, das Zuhause aller Menschen, dem Plan Gottes
entsprechend zu hüten.
Für die Integration aller Völker Lateinamerikas und der Ka-
ribik zusammenzuarbeiten.

Dieser Kontinent der Hoffnung soll auch zum Kontinent der
Liebe, des Lebens und des Friedens werden!«

(Schlussbotschaft der fünften CELAM-Generalkonferenz, 29. Mai
2007)

EINE OFFENE, MISSIONARISCHE KIRCHE
Die Ekklesiologie des Papstes Franziskus

Mit seiner Analyse der gegenwärtigen Situation der Kirche und seiner Vorstellung, wie sie sich ändern muss, beeindruckt Jorge Mario Kardinal Bergoglio im Vorkonklave 2013 viele Kardinäle. Im Anschluss an den Vortrag bittet der Erzbischof von Havanna, Jaime Kardinal Ortega, seinen Mitbruder um eine schriftliche Zusammenfassung. Diese veröffentlicht Ortega zwei Wochen nach der Papstwahl mit ausdrücklicher Genehmigung von Franziskus in seiner Bistumszeitung. Wie ein Lauffeuer verbreitet sich die Kopie mit der kleinen, aber leserlichen Handschrift Bergoglios im Internet. Schnell wird sein Vortrag als »Brandrede« bezeichnet, die die Kardinäle aufgerüttelt habe. Der Erzbischof von Buenos Aires fordert darin einen radikalen Kurswechsel der Kirche, eine Erneuerung und eine Rückbesinnung auf die Kernaufgabe der Kirche, die Evangelisierung:

»Ich habe Bezug genommen auf die Evangelisierung. Sie ist der Daseinsgrund der Kirche. Es ist die ›süße, tröstende Freude, das Evangelium zu verkünden‹ (Paul VI.). Es ist Jesus Christus selbst, der uns von innen her dazu antreibt.

1. Evangelisierung setzt apostolischen Eifer voraus. Sie setzt in der Kirche kühne Redefreiheit voraus, damit sie aus sich selbst herausgeht. Sie ist aufgerufen, aus sich selbst herauszugehen und an die Ränder zu gehen. Nicht nur an die geografischen Ränder, sondern an die Grenzen der menschlichen Existenz: die des Mysteriums der Sünde, die des Schmerzes, die der Ungerechtigkeit, die der Ignoranz, die der fehlenden religiösen Praxis, die des Denkens, die jeglichen Elends.

2. Wenn die Kirche nicht aus sich selbst herausgeht, um das Evangelium zu verkünden, kreist sie um sich selbst. Dann wird sie krank (vgl. die gekrümmte Frau im Evangelium). Die Übel, die sich im Laufe der Zeit in den kirchlichen Institutionen entwickeln, haben ihre Wurzel in dieser Selbstbezogenheit. Es ist ein Geist des theologischen Narzissmus. In der Offenbarung sagt Jesus, dass er an der Tür steht und anklopft. In dem Bibeltext geht es offensichtlich darum, dass er von außen klopft, um hereinzukommen ... Aber ich denke an die Male, wenn Jesus von innen klopft, damit wir ihn herauskommen lassen. Die egozentrische Kirche beansprucht Jesus für sich drinnen und lässt ihn nicht nach außen treten.

3. Die um sich selbst kreisende Kirche glaubt – ohne dass es ihr bewusst wäre –, dass sie eigenes Licht hat. Sie hört auf, das ›Geheimnis des Lichts‹ zu sein, und dann gibt sie jenem schrecklichen Übel der ›geistlichen Mondänität‹ Raum (nach Worten de Lubacs das schlimmste Übel, was der Kirche passieren kann). Diese (Kirche) lebt, damit die einen die anderen beweihräuchern.

Vereinfacht gesagt: Es gibt zwei Kirchenbilder: die verkündende Kirche, die aus sich selbst hinausgeht, die das ›Wort Gottes ehrfürchtig vernimmt und getreu verkündet‹; und die mondäne Kirche, die in sich, von sich und für sich lebt. Dies muss ein Licht auf die möglichen Veränderungen und Reformen werfen, die notwendig sind für die Rettung der Seelen.

4. Gedanken bezüglich des nächsten Papstes: Er soll ein Mann sein, der – ausgehend von der Betrachtung und Anbetung Jesu Christi – der Kirche hilft, aus sich selbst herauszugehen und sich an die Ränder der menschlichen Existenz vorzuwagen. Er soll der Kirche helfen, die fruchtbare Mutter zu werden, die aus der ›süßen und tröstenden Freude der Verkündigung des Evangeliums‹ lebt.«

Die Warnung vor der »spirituellen Mondänität« ist bei Kardinal Bergoglio nicht neu. 2007 erklärt der damalige Erzbischof von Buenos Aires in einem Interview in Anlehnung an den Konzilstheologen Henri de Lubac (1898-1991): »Spirituelle Mondänität ist, wenn man sich selbst in den Mittelpunkt stellt. Es ist das, was Jesus unter den Pharisäern erkennen kann: ›Ihr, die ihr euch selbst verherrlicht, die ihr einander selbst verherrlicht.‹« Im selben Interview, das in der Zeitschrift »30Tage« der als eher konservativ geltenden italienischen kirchlichen Bewegung »Comunione e Liberazione« erschienen ist, versucht er am Beispiel des Propheten Jona deutlich zu machen, was er meint. Jona habe klare Vorstellungen davon gehabt, was Gott betreffe, und auch darüber, was gut und böse sei. »Er hatte das Rezept dafür, wie man ein guter Prophet war. Gott brach wie ein Wirbelsturm in sein Leben ein. Er schickte ihn nach Ninive. Ninive ist das Symbol für alle Getrennten und Verlorenen, für alle Peripherien der Menschheit. Für alle, die außerhalb, die fern stehen.« Doch Jona sei erst einmal geflohen. Nicht weil seine Aufgabe so schwer gewesen sei wegen des ungläubigen Ninive, »sondern vielmehr wegen der unermesslichen Liebe Gottes zu den Menschen«, so Bergoglio. »Seine Starrköpfigkeit machte ihn zum Gefangenen seiner strukturierten Urteile, seiner vorgefassten Methoden, seiner korrekten Meinungen. Er hatte seine Seele mit dem Stacheldrahtzaun dieser Gewissheiten abgegrenzt.« Das Rezept des damaligen Erzbischofs: »Unser [Kirchen]Volk nicht so sehen, wie es sein sollte, sondern wie es ist, und folglich sehen, was notwendig ist.«

Als Papst bleibt sich Bergoglio treu. In seiner Predigt bei der Chrisammesse am Gründonnerstag 2013 warnt er die Priester davor, zu Verwaltern zu werden. »Seid Hirten mit dem ›Geruch der Schafe‹, dass man ihn riecht – Hirten inmitten ihrer Herde und Menschenfischer.« Er fordert sie auf, in ihren Predigten die Alltagswirklichkeit der Menschen aufzugreifen und nicht über ihre Köpfe hinwegzupredigen. Am Tag zuvor hatte er bei seiner ersten Generalaudienz beklagt, dass es so viele in sich verschlossene Pfarreien gebe. Die Karwoche sei eine Zeit, »um die Türen unseres Herzens, unseres Lebens, unserer Pfarreien, der Bewegungen, der Verbände zu öffnen und ›herauszugehen‹, den anderen entgegen, zu ihnen zu gehen, um das Licht und die Freude unseres Glaubens zu bringen. Immer hinausgehen!« In der Osternacht fordert er dazu auf, sich nicht vor dem Neuen zu verschließen, das Gott in das Leben der Menschen bringen will. »Wir haben Angst vor den Überraschungen Gottes; liebe Brüder und Schwestern, in unserem Leben haben wir Angst vor den Überraschungen Gottes! Er überrascht uns immer! So ist der Herr.«

Herausgehen, bei den Menschen sein, Neues wagen, im Vertrauen auf die Gnade Gottes – das sind einige der Schlüsselworte der ersten Wochen des Pontifikats von Franziskus. Das sind jene Haltungen, die sein Wirken als Priester und Bischof geprägt haben. Sie erinnern an jene Ausführungen des Erzbischofs von Buenos Aires bei der CELAM-Generalversammlung im Mai 2007. In seiner Analyse der Herausforderungen von Kirche und Gesellschaft schlägt Bergoglio selbstkritische Töne an. Die Kirche sei heute vor allem durch den religiösen Pluralismus und die Vermehrung der religiösen Bewegungen herausgefordert. Neben der Kritik, dass diese neuen religiösen Bewegungen den Menschen vor allem ein sehr individualistisches Heilsversprechen machten und ihnen jede soziale Komponente fehle, sieht Bergoglio vor allem ein hausgemachtes Problem. Die Menschen wendeten sich den anderen religiösen Anbietern zu, weil sie oft in den katholischen Gemeinschaften und Pfarreien eine wenig gastfreundliche Atmosphäre vorfänden, eine zu intellektuelle und wortlastige Liturgie sowie einen zu bürokratischen Ansatz, wenn es um die Lösung von oft komplexen Problemen des Alltagslebens der Menschen gehe. Wer hört da nicht die Freiburger Rede von Papst Benedikt XVI. anklingen. Was Bergoglio 2007 sehr praktisch darstellt, klingt im September 2011 bei Papst Benedikt XVI. etwas theoretischer, wenn er in Freiburg von einer Kirche spricht, die zu viele Strukturen und zu wenig

Geist hat. In der Analyse des Zustands der Kirche liegen beide Päpste nicht weit auseinander. Der erste Schriftsteller, den Papst Franziskus nach seiner Wahl zitiert, ist Léon Bloy (1846-1917). Der Konvertit und Katholik ist an der Schwelle zum 20. Jahrhundert einer der heftigsten Kritiker eines verbürgerlichten Christentums. Beim ersten Gottesdienst mit den Kardinälen am Tag nach der Wahl zitiert Franziskus ihn mit den Worten: »Wer nicht zum Herrn betet, betet zum Teufel.« Dies zeigt, Offenheit und Radikalität sind zwei Seiten einer Medaille bei Papst Franziskus.

Bergoglio kommt in seiner Rede 2007 auch auf die Rolle der Laien zu sprechen. Die Kirche dürfe sich angesichts der Wertekrise in der Gesellschaft nicht ins Private zurückziehen. Sie müsse umgekehrt die Gesellschaft mitgestalten. Dafür brauche sie die Laien. Diese hätten in der Gesellschaft, aber auch in der Kirche eine Mission, einen eigenen Auftrag. Dieses Bewusstsein habe sich noch nicht überall auf der Welt durchgesetzt, so der Kardinal auf der CELAM-Konferenz. Das liege zum einen daran, dass die Laien nicht ausreichend ausgebildet seien, um diese Verantwortung zu übernehmen. Zum anderen würden sie aber oft auch nicht den entsprechenden Raum finden, um sich einbringen und handeln zu können, weil es einen exzessiven Klerikalismus gebe, der die Laien bei Entscheidungen oft ausgrenze und von einer aktiveren Teilhabe ausschließe. In der bereits erwähnten Zeitschrift »30Tage« warnt Bergoglio allerdings vor einer Klerikalisierung der Laien. »Die Priester klerikalisieren die Laien, und die Laien bitten uns, klerikalisiert zu werden … Eine sündige Komplizenschaft.« Dabei reiche doch oft die Taufe schon aus, um als Laie eine aktive Rolle in der Kirche zu spielen, auch bei der Weitergabe des Glaubens. Als Beispiel führt er die Situation in seinem Heimatland an. Die Volksfrömmigkeit sei so stark ausgeprägt, dass man Neugeborene so bald wie möglich taufen möchte. Nun gebe es aber Pfarreien, wo ein Priester nur ein- oder zweimal im Jahr vorbeikomme. So gebe es an diesen Orten »immer einen Laien oder eine Laiin, die als ›bautizadores‹ fungieren und die neugeborenen Kinder taufen, solange kein Priester da ist«. Ähnlich sei es etwa in Japan gewesen. Als dort Ende des 19. Jahrhunderts nach fast 200 Jahren erstmals wieder Missionare hingekommen seien, hätten sie alle katholisch getauft, verheiratet oder begraben vorgefunden. »Diese Laien hatten nur die Taufe erhalten und kraft ihrer Taufe auch ihre apostolische Sendung gelebt.« Das klingt nach einer Notsituation, aber Bergoglio wendet das gleiche Prinzip auch in seinem Erzbistum an. »Unsere Religionssoziologen sagen uns, dass sich der Einfluss einer Pfarrei auf einen Umkreis von 600 Metern erstreckt«, sagt er in »30 Tage«. »In Buenos Aires liegen zwischen einer Pfarrei und der nächsten etwa 2000 Meter. Ich habe den Priestern damals gesagt: Wenn ihr könnt, mietet eine Garage, und wenn ihr den einen oder anderen disponiblen Laien auftreiben könnt, dann lasst ihn machen! Er soll sich um diese Leute hier kümmern, ein bisschen Katechese machen, ja, auch die Kommunion spenden, wenn er darum gebeten wird.« Auf den Einwand eines Pfarrers, die Leute kämen dann ja nicht mehr in die Kirche, reagierte Bergoglio gelassen mit der Gegenfrage, ob die Menschen denn jetzt zur Kirche kämen. Das musste der Pfarrer verneinen. Das Fazit des Kardinals: »Und wenn schon! Aus sich selbst hinausgehen bedeutet auch, aus dem Garten seiner eigenen Überzeugungen hinauszugehen, die unüberwindbar werden, wenn sie sich als Hindernis entpuppen und den Horizont verschließen, der Gott ist.« Dem Beispiel Jesu folgen bedeutet für Bergoglio sich auf den Weg machen, aus sich herausgehen. »Man bleibt nicht gläubig, wenn man wie die Traditionalisten oder die Fundamentalisten am Buchstaben klebt. Treue ist immer Änderung, Aufkeimen, Wachstum.«

Die katholische Kirche ist das ganze Volk der Glaubenden, der Klerus eingeschlossen. Das ist die Vorstellung Bergoglios. Daher auch seine starke Betonung, dass Bischof und Volk gemeinsam unterwegs sind, wie er es bei seinem ersten Auftritt nach der Wahl erklärte. Das Volk Gottes auf dem Weg ist ein

Bild für die Kirche, das für das II. Vatikanische Konzil ganz zentral war. Papst Franziskus stellt sich damit ganz in diese konziliare Tradition. Dies macht er auch äußerlich deutlich. Seit dem Gottesdienst zur Inbesitznahme seiner Bischofskirche, der Lateranbasilika, am 7. April 2013 benutzt er den Hirtenstab, den Papst Paul VI. erstmals beim feierlichen Abschlussgottesdienst des II. Vatikanischen Konzils am 8. Dezember 1965 verwendete. Jener Bischofsstab aus Bronze mit dem Kruzifix, den auch Papst Johannes Paul II. immer benutzt hat. Benedikt XVI. hatte diese Ferula zunächst auch verwendet; benutzte dann aber ab Palmsonntag 2008 einen goldenen Bischofsstab mit Kreuz ohne Korpus. Franziskus ist nun zur »Konzilsferula« zurückgekehrt.

Das Bild der Kirche als Volk Gottes sieht Papst Bergoglio unter anderem bedroht durch den Klerikalismus. Den sieht er dann gegeben, wenn ein Priester oder Bischof nach dem Motto agiert: »Hier kommandiere ich!« Priester oder Bischof müssten vielmehr auf ihre Gemeinde hören, damit Entscheidungen auf dem gemeinsamen Weg reifen können. Dabei unterstreicht Bergoglio die Bedeutung der Volksfrömmigkeit. Diese sei im Herzen und Leben der Menschen verwurzelt. Sie hat aus seiner Sicht eine soziale Komponente, die dabei helfen kann, eine gerechtere Gesellschaft aufzubauen. Bergoglio sieht einen Wert in der Volksfrömmigkeit als einer Form der Inkulturation und der Kommunikation des Glaubens. Sie ist ein Anker für die Evangelisierung; aber nicht indem sie geringgeschätzt wird, sondern indem man ihr Potenzial positiv nutzt.

Franziskus möchte eine Kirche, die sich weniger mit sich selber beschäftigt als vielmehr nahe bei den Menschen ist und den Menschen Christus nahebringt. Konkret bedeutet das für die Priester, mehr Zeit für die Seelsorge und weniger Verwaltung. Das hätte strukturelle Konsequenzen, die sich aber nach der konkreten Situation vor Ort richten müssen. Große weltumspannende einheitliche Regelungen passen nicht so recht zum Ansatz von Franziskus. Das bestätigt auch der

Pressesprecher der Argentinischen Bischofskonferenz, Jorge Oesterheld, im Gespräch mit dem »National Catholic Reporter«. Demnach habe Bergoglio in seiner Zeit als Vorsitzender der Bischofskonferenz (2005-2011) stets betont, dass die verschiedenen pastoralen Situationen in den einzelnen Diözesen unterschiedliche Vorgehensweisen erforderten. »Er hat immer gesagt, dass jede Diözese die Möglichkeit haben muss, einen eigenen Ansatz für die Evangelisierung auszuarbeiten, dass sie ihre eigene Sprache und ihre eigenen Methoden haben muss, entsprechend der Situation vor Ort.«

Bergoglio hat keine Angst vor Verschiedenheit. In einem Interview erklärt er: »Der Geist allein bewirkt Verschiedenheit, Vielfalt und gleichzeitig Einheit. Denn wenn wir es sind, die Verschiedenheit machen, kommt es zu Schismen, und wenn wir es sind, die die Einheit wollen, kommt es zur Uniformität und Gleichschaltung.« In diesem Sinn ist Bergoglio überzeugt, dass er den Weg des Glaubens auch nicht verlassen wird, obwohl er offen ist für Neues. Er erweckt den Anschein, dass er fest im christlichen Glauben und der Tradition ruht und sich damit frei fühlt, auf die jeweilige Situation zuzugehen. Es ist die »Indifferenz«, das innere Gleichgewicht, die Gewissheit, die die Freiheit zum Handeln ermöglicht, wie der heilige Ignatius in seinen »Geistlichen Übungen« formuliert. In dieser Haltung erinnert Franziskus an den seligen Johannes XXIII. Weil er sich sicher war, fest auf dem Fundament einer fast zweitausendjährigen Tradition zu stehen, konnte er das Wagnis eines Konzils eingehen und zum »Aggiornamento« aufrufen. Auch wenn der Ausgang des Unternehmens völlig offen war, hatte er keine Angst davor und konnte daher gegen die Unheilspropheten, die in der Moderne immer nur etwas Schlechtes sehen, sagen: Wir wollen einen Sprung nach vorne riskieren. Wir können springen, weil wir auf sicherem Fundament stehen.

Interessant ist, dass Bergoglio in seiner Autobiografie beim Nachdenken über die Kirche einer seiner Lieblingsfilme in den Sinn kommt: Babettes Fest. In dem dänischen Film aus dem Jahr 1987 geht es um die Familie eines pietistischen Pastors. Das Leben der Menschen ist von starren Grenzen, Verboten und Geboten geprägt. Diese hinderten sie daran, zum wahren Menschsein zu finden, so Bergoglio. Erst als die Verbote fallen, bei einem festlichen Abendessen, werden sie fähig, wirklich zu lieben und zu sich selbst zu finden. Die Kirche darf nach Bergoglio nicht ein Regulierungsbetrieb sein, sondern muss den »Glauben ermöglichen«. Ihm geht es nicht um Verbote, sondern darum, das Faszinierende des Glaubens zu vermitteln. Hier ist er seinem Vorgänger im Amt des Papstes sehr nah. Benedikt XVI. hatte in seinem TV-Interview vor dem Besuch in Bayern im September 2006 betont, dass es zunächst einmal darum gehen müsse, den Glauben als eine positive Option darzustellen, nicht als etwas, das nur Gebote und Verbote kennt.

Das Kirchenbild von Papst Franziskus ist ein zutiefst missionarisches. In der Nachfolge Jesu sieht er die Aufgabe der Kirche darin, sich für die Menschen zu öffnen, in die Welt hinauszugehen, um den Menschen die Botschaft Jesu vorzuleben und sie auf den Weg zu Gott zu bringen. In seinem Gespräch mit den Journalisten Sergio Rubin und Francesca Ambrogetti sagt Bergoglio: »Ich glaube wirklich, dass die Grundoption der Kirche gegenwärtig nicht ist, Vorschriften zu reduzieren oder gar abzuschaffen oder dies oder jenes zu reduzieren, sondern auf die Straße zu gehen, um die Menschen zu suchen, und sie persönlich kennenzulernen.«

Franziskus möchte seine Haltung des Sichöffnens, des Hinausgehens aber nicht missverstanden wissen als eine Relativierung der christlichen Botschaft. Vielmehr genau das Gegenteil ist für ihn der Fall. Die Grundhaltung des Franziskus ist die eines »liebenden Blicks«, der weder diskriminiert noch relativiert. Dies kann aus seiner Sicht dann gelingen, wenn diese Haltung von Barmherzigkeit geprägt ist, aber auch von Kreativität. Darunter versteht er die Fähigkeit, Probleme in Chancen sowie Schlechtes in Gutes zu verwandeln und das Gute zu fördern. »Der Hirte, der mit dem Blick der

Liebe sieht, erkennt das Potenzial, das in seiner Stadt da ist, fühlt sich ein und bringt es mit dem Evangelium in Berührung.« So beschreibt Bergoglio als Erzbischof von Buenos Aires seine Vorstellung in einem Text unter dem Titel »Gott in der Stadt«. Darin wird deutlich, dass er nicht die Gefahr sieht, dass die Zusammenarbeit mit Menschen ganz unterschiedlicher geistiger Herkunft zu einer Relativierung der christlichen Werte führt. Vielmehr gehe es darum, die guten Elemente zu fördern und zum Wachsen zu bringen.

In diesem Sinn hat Kardinal Bergoglio auch keine Berührungsängste, mit nichtkatholischen Organisationen im Bereich der Caritas zusammenzuarbeiten. Die Unterstützung der Stiftung Alameda ist ein Beispiel dafür. Dies könnte auf weltkirchlicher Ebene durchaus eine Akzentverschiebung bedeuten. Denn in den letzten Jahren wurde verstärkt darauf geachtet, das katholische Profil der kirchlichen Einrichtungen zu schärfen und bei Kooperationen sehr genau auf die Partner zu achten, weil man Sorge hatte, das christliche Zeugnis könnte durch die Zusammenarbeit verdunkelt oder kompromittiert werden. Dies war auch einer der Hauptgründe für Papst Johannes Paul II. gewesen, die deutschen Bischöfe Ende der 1990er Jahre zum Ausstieg aus der staatlichen Schwangerenkonfliktberatung zu drängen. Bergoglio tritt stets selbstbewusst in den Dialog mit anderen Organisationen. Das Entscheidende für ihn ist, dass der Mensch im Mittelpunkt steht und nicht irgendwelche politischen oder ökonomischen Interessen. Kardinal Bergoglio warnt vor einer Kirche, die sich in sich verschließt. Die könne, wie eine auf sich selbst fixierte Person, psychotisch und autistisch werden, sagt er im Gespräch mit Rubin und Ambrogetti. Wer sich öffnet, laufe natürlich auch Gefahr, sich zu verletzen. »Aber ich ziehe eine Kirche mit Unfallrisiko tausendmal einer kranken Kirche vor.«

Franziskus' Interesse ist es, durch seine Art der Offenheit und Zuneigung das Gegenüber zum Nachdenken über die Motivation des Handelns zu bringen. Dann geht es darum,

Zeugnis abzulegen vom christlichen Glauben. An erster Stelle steht die Tat, dann folgt das Wort. So beschreibt es auch Papst Paul VI. in seinem Apostolischen Schreiben »Evangelii Nuntiandi« aus dem Jahr 1975, das heute noch immer als einer der Grundlagentexte der Evangelisierung in der Gegenwart gilt: »Die Verkündigung muss vor allem durch ein Zeugnis erfolgen. [...] Durch dieses Zeugnis ohne Worte wecken diese Christen in den Herzen derer, die ihr Leben sehen, unwiderstehliche Fragen.« Damit ist jegliches Handeln von Papst Franziskus zutiefst missionarisch. Die Botschaft, die seine Rede im Vorkonklave einleitete, war: Die Evangelisierung ist der Daseinsgrund der Kirche. Entsprechend lässt er keine Gelegenheit aus, die Gläubigen zur Evangelisierung aufzurufen, inklusive der Kleriker. Dabei spielt das Zeugnis immer die entscheidende Rolle. »Wir können so weit gehen, wie wir wollen, wir können vieles aufbauen, aber wenn wir nicht Jesus Christus bekennen, geht die Sache nicht. Wir werden eine wohltätige NGO, aber nicht die Kirche, die Braut Christi.« Das sagt er beim ersten Gottesdienst nach seiner Wahl, den er am 14. März 2013 zusammen mit den Kardinälen in der Sixtinischen Kapelle feiert. »Gehen, aufbauen, bezeugen« sind die zentralen Aufgaben des Christen und der Kirche. Er sieht sich dabei ganz in der Tradition Jesu. Der habe ja selbst gesagt: »Ich bin nicht für die Gerechten gekommen. Ich bin für die Sünder gekommen«, so Franziskus mit Verweis auf das Markusevangelium beim Gottesdienst in der vatikanischen Pfarreikirche Sankt Anna am Sonntag nach seiner Wahl. Kirche in der Nachfolge Jesu bedeutet für ihn, sich der Sünder anzunehmen, der Entrechteten, der am Rande Stehenden. Das ist gelebte Botschaft Jesu.

Als Hirte sieht Franziskus dabei seine Aufgabe darin, den Gläubigen Mut zu machen, die christliche Botschaft in die Welt hinauszutragen. Das fängt an bei den Kardinälen, die er bei der ersten Begegnung nach der Wahl versucht aufzurütteln. »Liebe Mitbrüder, nur Mut!«, lautet seine Botschaft. »Wir haben die feste Gewissheit, dass der Heilige Geist mit seinem mächtigen Wehen der Kirche den Mut schenkt, fortzufahren und auch nach neuen Wegen der Evangelisierung zu suchen.« Den Priestern ruft er zu, hinauszugehen und das Christentum zu bezeugen. Mehrfach fordert er die Jugendlichen auf, mutig Zeugnis abzulegen. »Ihr bringt uns die Freude des Glaubens und sagt uns, dass wir den Glauben mit einem jungen Herzen leben müssen, immer: mit jungem Herzen, auch mit siebzig, achtzig Jahren! Ein junges Herz! Mit Christus wird das Herz niemals alt!«, ruft er den Jugendlichen am Palmsonntag 2013 auf dem Petersplatz zu. »Die jungen Menschen müssen der Welt sagen: Es ist gut, Jesus zu folgen; es ist gut, mit Jesus zu gehen; gut ist die Botschaft Jesu; es ist gut, aus sich herauszugehen, bis an die Grenzen der Erde und der eigenen Existenz, um Jesus zu bringen.«

KIRCHE DER BARMHERZIGKEIT
Papst Franziskus und die »heißen Eisen«

Es ist das große Thema des Pontifikats von Papst Franziskus: die Barmherzigkeit. Gleich beim ersten Angelus am 17. März 2013 stellt er sie ins Zentrum seiner kurzen Ansprache: »Ja, Brüder und Schwestern, das Gesicht Gottes ist das eines barmherzigen Vaters, der immer Geduld hat.« Er verweist auf ein Buch des deutschen Kardinals Walter Kasper zu diesem Thema. Der sieht in der Lehre von der Barmherzigkeit Gottes nicht irgendeine Theorie fern der Lebenswirklichkeit der Menschen oder die einfach nur Mitgefühl weckt, sondern die Barmherzigkeit habe ganz konkrete Konsequenzen für das Leben jedes einzelnen Christen und für das pastorale Handeln der Kirche. Sie wirke sich sogar bis ins Gesellschaftspolitische hinein aus, wenn es darum geht, menschenwürdige und gerechte Sozialstrukturen zu schaffen. Mit Kasper ist Papst Franziskus überzeugt: Barmherzigkeit kann die Welt verändern. »Ein wenig Barmherzigkeit macht die Welt weniger kalt und viel gerechter.« Bei der Inbesitznahme seiner Bischofskirche, der Lateranbasilika, am 7. April 2013 führt der Papst den Gedanken fort. Er unterstreicht, dass die Barmherzigkeit keine Einbahnstraße ist. Denn der barmherzige Gott sei ein geduldiger Gott, der immer darauf warte, dass der Mensch zu ihm umkehrt. Die Geduld Gottes müsse im Menschen den Mut wecken, »zu ihm zurückzukehren, ganz gleich, welchen Fehler, welche Sünde es in unserem Leben gibt«.

Barmherzigkeit bedeutet also nicht Beliebigkeit. Dies muss

man sich besonders dann in Erinnerung rufen, wenn mit Papst Franziskus große Hoffnungen auf Änderungen in Theologie und Moral verbunden werden. Er steht inhaltlich in einer Kontinuität zu seinen Vorgängern. Dies schließt nicht aus, dass es Präzisierungen oder auch eine Weiterentwicklung der kirchlichen Lehre gibt. »Die religiöse Wahrheit ändert sich nicht, aber sie entwickelt sich und wächst«, sagt er einmal als Erzbischof.

Franziskus wird aber den christlichen Glauben und damit die Kirche, zumindest bei den Inhalten, nicht so radikal verändern, wie er das beim Stil gemacht hat. Hier zeigt sich bereits von Anfang an, dass er der Kirche ein anderes Gesicht geben möchte. Barmherzigkeit bedeutet bei Franziskus, dass der Sünder akzeptiert werden muss, nicht aber die Sünde. Scharf übt er als Erzbischof etwa Kritik an Priestern, die einer alleinerziehenden Mutter die Taufe ihrer Kinder verweigern oder die Taufe von Kindern, wenn die Eltern nicht kirchlich verheiratet sind. Die Kinder tragen keine Verantwortung für das Leben ihrer Eltern, lautet seine Begründung. Zudem ergebe es sich manchmal durch die Taufe der Kinder, dass die Eltern den Wunsch äußerten zu heiraten. Im Gespräch mit den beiden Journalisten Sergio Rubin und Francesca Ambrogetti warnt Bergoglio vor zwei Extremen in der Seelsorge: Man dürfe weder rigoristisch noch zu weitherzig sein. Es geht ihm um eine pastorale Weite in der jeweiligen Situation, die den konkreten Menschen im Blick hat. Da helfe es nichts, einfach nur die Norm ohne Wenn und Aber anzuwenden; aber es helfe dem Gegenüber auch nicht weiter, wenn man eine »Anything goes«-Mentalität an den Tag legt. Damit vertritt Papst Franziskus eine Position, die in der katholischen Kirche eine lange Tradition hat, bisweilen aber gerne von den einen belächelt, von den anderen scharf kritisiert wird. Es geht um die gewissenhafte Beurteilung einer konkreten Situation durch den Seelsorger und den betroffenen Menschen. Dabei können diese zu Lösungen kommen, die nicht gleich in kirchliche Gesetze und Normen gegossen oder an diesen gemessen werden können. Es geht um den konkreten pastoralen Einzelfall. Wer vermag als Außenstehender zu ermessen, ob ein nichtkatholischer Christ gemäß der Enzyklika »Ut unum sint« das katholische Verständnis des Sakraments der Eucharistie teilt und deshalb die Kommunion empfängt? Hier sind wir im Bereich der Gewissensentscheidung jedes Einzelnen, wo auch ein Seelsorger an seine Grenzen kommt. Denn hier kann nur Gott allein ein Urteil fällen, ist Bergoglio überzeugt.

Interessant ist eine Passage aus dem Gespräch des Kardinals Bergoglio mit dem Rabbiner Skorka. Es berührt ein Thema, das den Kirchenmann immer wieder beschäftigt. Es geht um Menschen, die sich nach außen als gut katholische Gläubige gebärden, womöglich noch große Wohltäter sind und gerne für kirchliche Zwecke spenden, in ihrem persönlichen Leben aber ganz anders handeln und beispielsweise Steuern nicht zahlen, Arbeiter schwarz beschäftigen oder ungerecht bezahlen. Ein solches Verhalten verurteilt Bergoglio aufs schärfste. Er gebraucht zwar selbst nicht den Begriff des Heuchlers. Aber der Sache nach trifft er genau den Sachverhalt. Dies sei etwa der Grund, dass er in vielen Fällen die Kommunion nicht selbst austeile, sondern das Assistenten, Diakone oder Laien, machen lasse. Denn er möchte nicht, dass solche Menschen zu ihm kommen nur um eines Fotos willen. Bergoglio ist der Empfang des Leibes Christi zu heilig, als dass er für einen Fototermin taugt. Es sei auch schwierig, diesen Menschen die Kommunion zu verweigern, da man die Vergehen oft nicht einfach beweisen könne. Die Kommunion zu empfangen bedeutet für Bergoglio ganz in der Tradition der Kirche, den Leib des Herrn zu empfangen im Bewusstsein, eine Gemeinschaft zu sein und aufzubauen. Wer aber das Gegenteil macht, indem er beispielsweise Menschen unwürdig behandelt, könne die Kommunion eigentlich nicht empfangen. Hier liegt Bergoglio auf einer Linie mit Kirchenvertretern wie dem deutschen Kardinal Walter Kasper, der kritisch nach der »Eucharistiefähigkeit« vieler Gläubiger heute fragt. Der Kommunionempfang sei selbstverständlich geworden, obwohl oft die Voraussetzungen dazu aufgrund des Verhaltens im Alltag gar nicht gegeben seien. Diese Argumentation ist vor allem im Kontext der Diskussion um den Kommunionempfang von wiederverheirateten Geschiedenen zu hören, der damit in einen größeren Zusammenhang gestellt wird. Streng genommen, so könnte man den Gedankengang Bergoglios fortsetzen, sind es nicht nur die wiederverheirateten Geschiedenen, die vom Sakramentenempfang in der Eucharistie ausgeschlossen sind, sondern auch diejenigen, die Steuern hinterziehen, korrumpieren oder sich nicht um Ausgegrenzte kümmern etc.

In der Diskussion der letzten Jahre in Deutschland, aber auch in anderen Ländern wird immer wieder betont, dass die katholische Kirche barmherziger sein müsse im Umgang mit Brüchen in den Biografien der Menschen, etwa bei wiederverheirateten Geschiedenen. Hier ruhen große Hoffnungen auf Papst Franziskus, dass es entsprechende Änderungen geben könnte. Bergoglio betont in seinen bisher bekannten Aussagen zu dem Thema, dass auch wiederverheiratete Geschiedene nicht exkommuniziert, sondern zur aktiven Teilnahme am Leben der Gemeinden und Kirchen berufen seien. Was den Kommunionempfang anbetrifft, vertritt er die offizielle kirchliche Position, die diesen ausschließt. Dennoch besteht selbst unter den Kardinälen die Hoffnung, dass sich an dieser Stelle etwas bewegen wird. Dabei wird auf die Tradition der orthodoxen Kirchen verwiesen. Die kennen die Möglichkeit einer zweiten Ehe. Das weiß auch Papst Franziskus, der in der Vergangenheit selbst mehrfach auf diese orthodoxe Tradition verwiesen hat. Vielleicht könnte eine Änderung der katholischen Praxis auch eine Frucht des Dialogs mit den orthodoxen Kirchen sein. Diese Kirchen stehen in der apostolischen Sukzession. Aus katholischer Sicht ist anerkannt, dass sie die Tradition der Apostel bewahren. Was bedeutet es für die katholische Kirche, dass dieser Traditionsstrang existiert, der beim Thema wiederverheiratete Geschiedene anders verfährt? Das ist eine nicht zu unterschätzende Anfrage an die katholische Position.

Ähnlich verhält es sich beim Zölibat. Hier gibt es bei den Orthodoxen und den katholischen Ostkirchen eine andere Tradition. Männer dürfen vor der Priesterweihe heiraten. Für Bischöfe gilt allerdings auch dort der Zölibat. Im Unterschied zu den katholischen Ostkirchen halte die lateinische Kirche »für den Augenblick« am Pflichtzölibat fest, erklärt Bergoglio im Gespräch mit dem Rabbiner Skorka. Das sei auch seine Position. Er verweist auf die Erfahrung von rund 1000 Jahren, die unterm Strich positiv sei. Die Tradition habe Gewicht. Der Zölibat sei eine Frage der Disziplin und nicht des Glaubens. Allerdings lässt Kardinal Bergoglio mehrfach erkennen, dass er sich auch eine Änderung der Position vorstellen kann. Interessanterweise denkt er dabei eher an regionale Lösungen innerhalb der westlichen Kirche. Denn wenn es Änderungen gebe, dann unter »kulturellen Gesichtspunkten« und auch nur als Freistellung des Zölibats, nicht dessen komplette Abschaffung.

Was die Priesteramtskandidaten anbetrifft, ist Bergoglio für eine sorgfältige Auswahl. Aus seiner Erfahrung eignen sich nur rund 40 Prozent der Bewerber. Die Ausbildung muss auf vier Säulen ruhen: ein tiefes geistliches Leben des Kandidaten, die Fähigkeit zum Gemeinschaftsleben, dazu gehört auch die psychische Reife, die intellektuelle Ausbildung und schließlich das apostolische Leben, sprich die Fähigkeit, in den Gemeinden mit den Menschen zu leben und zu arbeiten. Dabei sieht es Bergoglio durchaus positiv, dass es immer mehr »Spätberufene« gibt, die vorher schon ein anderes Studium absolviert oder einen Beruf ausgeübt haben. Das sei eine Art Erdung für diese Kandidaten.

Bergoglio ist für klare Verhältnisse. Ein Doppelleben duldet er nicht. Wenn ein Priester sich in eine Frau verliebt, muss er sich entscheiden. Dabei war es Erzbischof Bergoglio immer wichtig, seine Priester, die in einer Krise sind, persönlich zu begleiten, ganz gleich, ob am Ende des Wegs die Entscheidung für das Priesteramt stand oder die Aufgabe des geistlichen Dienstes. Wichtig war für ihn nur, dass Klarheit herrscht. Für ihn war es kein Problem, ehemalige Priester später in kirchlichen Einrichtungen zu beschäftigen.

In der ersten Audienz für den Präfekten der Glaubenskongregation, Erzbischof Gerhard Ludwig Müller, bestätigt Franziskus, dass er beim Vorgehen gegen Missbrauch die Politik seines Vorgängers fortsetzen wird. Die Glaubenskongregation ist im Vatikan für das Thema zuständig. Der Papst wünscht, dass die Behörde sich vor allem des Schutzes von Minderjährigen und der Hilfe für Opfer annimmt. Sie soll die erforderlichen Maßnahmen gegen Täter einleiten und die Bischofskonferenzen bei der Formulierung und Überarbeitung entsprechender Richtlinien unterstützen. Diese seien wichtig für das Zeugnis und die Glaubwürdigkeit der Kirche.

Schon als Erzbischof von Buenos Aires hatte er die Null-Toleranz-Politik Benedikts XVI. begrüßt. Ein Versetzen von pädophilen Priestern, wie es in vielen Ländern, etwa in den USA, lange Zeit üblich war, bezeichnete er als »Dummheit«, weil mit dem Priester auch das Problem versetzt werde. Kritiker werfen Bergoglio allerdings vor, er habe in verschiedenen Fällen in Argentinien nicht entschieden genug gehandelt. Als Beispiel wird der Fall Julio César Grassis genannt, der von einem Zivilgericht wegen Missbrauchs Minderjähriger zu 15 Jahren Haft verurteilt wurde. Bergoglio habe gegen ihn bis zum Schluss keine kirchlichen Sanktionen verhängt. Der Pressesprecher der argentinischen Bischofskonferenz, Jorge Oesterheld, begründet dies damit, dass Bergoglio der Justiz nicht in ihrem Urteil vorgreifen wollte. Zuletzt habe er aber sehr darauf gedrungen, dass Bischöfe beim Verdacht von Missbrauch unverzüglich mit der Polizei zusammenarbeiteten. Zudem sei Grassi nicht Priester des Erzbistums Buenos Aires, so dass Bergoglio kirchenrechtlich nicht für ihn zuständig gewesen sei.

Mit Blick auf das Frauenpriestertum verteidigt Papst Franziskus die klassische katholische Position: Jesus ist der Hohepriester, und der sei männlich, erklärt er im Gespräch mit Rabbiner Skorka. »In der Tradition, die ein theologisches Fundament hat, geht alles das, was mit dem Priesteramt zu tun hat, auf den Mann über.« Im Christentum habe die Frau eine andere Funktion, die in Maria ihren Ausdruck finde. Maria, die noch über den Aposteln stehe, sei diejenige, die die Gesellschaft aufnehme. Die Frau habe das Geschenk der Mutterschaft und der Zärtlichkeit. Ohne diese Gaben würde sich die religiöse Gemeinschaft in eine chauvinistische Gemeinschaft verwandeln, karg, hart und ohne Heiligkeit. Dass Frauen nicht Priester werden können, bedeute nicht, dass sie eine geringere Rolle als die Männer spielten. Diesen Gedanken greift er auch in der ersten Generalaudienz nach Ostern 2013 auf. »Die ersten Zeugen der Auferstehung sind die Frauen. Und das ist schön, das ist ein bisschen auch die Mission der Frauen, der Mütter, der Großmütter: Zeugnis ablegen gegenüber den Kindern, den Enkeln. Dass Jesus lebt, dass er auferstanden ist. Mütter und Frauen: macht weiter mit diesem Zeugnis!« Diese zentrale Rolle am Anfang müsse anregen, darüber nachzudenken, »wie die Frauen in der Kirche und auf dem Weg des Glaubens eine besondere Rolle hatten und noch heute haben«. Was dies konkret für die Rolle der Frau in der Kirche bedeutet, führt er nicht aus.

Die traditionelle katholische Lehre vertritt Papst Franziskus beim Lebensschutz. Der war für ihn schon als Erzbischof von Buenos Aires ein zentrales Thema. Von der Empfängnis bis zum natürlichen Ende ist das Leben absolut zu schützen. »Jedes Kind hat das Recht, geboren zu werden, gut ernährt zu werden und zur Schule zu gehen. Kein älterer Mensch darf alleine gelassen werden.« Das ist es, was er in unzähligen Predigten stetig wiederholt. »Abtreibung ist nie eine Lösung«, so Bergoglio in der Diskussion um die Lockerung des gesetzlichen Verbots durch das Parlament von Buenos Aires im Jahr 2012. Das Thema Abtreibung ist für Bergoglio erst in zweiter Linie ein religiöses. Das Lebensrecht sei das erste Menschenrecht. Da mit der Empfängnis der genetische Code einer Person entstanden sei, habe diese das Recht zu leben. Ebenso klar wie zum Anfang des Lebens ist seine Position zum Ende. Bergoglio lehnt jede Form der aktiven Sterbehilfe ab. Bei unheilbar Kranken gehe es darum, Schmerzen zu lindern, nicht das Leben durch außergewöhnliche Maßnahmen zu verlängern, die gegen die Würde des Menschen verstießen. Allerdings warnt er vor einer »versteckten Euthanasie«. Das sei dann der Fall, wenn das Gesundheitssystem Therapien nur bis zu einem gewissen Punkt vorsehe, danach der Kranke sich selbst überlassen werde und nicht mehr die notwendige Versorgung erfahre.

Sehr kritisch sieht er in diesem Kontext den Umgang moderner Gesellschaften mit den Alten. Im Gespräch mit dem Rabbiner Skorka findet er die gewohnt scharfen Worte. In der heutigen Gesellschaft, die von Konsumismus, Hedonismus und Narzissmus geprägt sei, gebe es Menschen, die wie Abfall behandelt würden. Dazu gehörten zu einem großen Teil die Alten. Oft habe man den Eindruck, sie würden wie eine Last in Pflege- und Altenheime abgeschoben, anstatt dass sich die Familien um sie kümmerten. Mit einer christlichen Haltung gegenüber den Älteren habe das nichts zu tun. Im Gegenteil: Bergoglio sieht darin einen klaren Verstoß gegen das vierte Gebot: »Du sollst Vater und Mutter ehren!« »Das Alter ist der Sitz der Weisheit des Lebens«, so Franziskus bei seiner ersten Audienz für die Kardinäle zwei Tage nach der Wahl im März 2013. Die Alten sind in seinen Augen das Gedächtnis der Völker, der Familien, der Kulturen und Religionen. Sie seien diejenigen, die die Erinnerungen weitergeben. Deshalb seien sie für eine Gesellschaft auch wichtig.

Einig ist sich Franziskus mit seinem Vorgänger Benedikt XVI. darin, dass die Kirche keine Politik mache. Wenn sie aber grundlegende Werte bedroht sehe, wie in den gerade genannten Bereichen, müsse sie ihre Stimme erheben. Dabei dürfe sie sich aber nicht in politische Lagerkämpfe begeben. Die Religionen besäßen ein Erbe, das sie zum Dienst der Völker in das Gemeinwohl einbringen müssten. Die Macht sei dem Menschen von Gott übertragen worden, der gesagt habe: »Macht euch die Erde untertan, seid fruchtbar und vermehrt euch.« (vgl. Gen 1,28) Nun komme es aber auf die Haltung an, in der man diesen Auftrag ausführe. Und die sei ganz klar eine dienende. Bergoglio ist für eine strikte Trennung von Staat und Kirche. Er spricht von einer »gesunden Autonomie« und einem »gesunden Laizismus«, bei denen die gegenseitigen Kompetenzen respektiert werden. Nicht gut sei ein militanter Laizismus, der die Religion in die Sakristei verbannen will. Der Globalisierung kann Bergoglio etwas Positives abgewinnen, aber nur solange sie nicht Uniformisierung bedeutet. Denn dann wäre sie imperialistisch und vielleicht rein funktional, auch liberal, aber inhuman. In einer recht verstandenen Globalisierung müssten die Verschiedenheiten erhalten bleiben. Die einzelnen Völker und Kulturen müssten ihre Identität behalten und sie zugleich zu einem harmonischen Miteinander in den Gesellschaften integrieren. Das ist weniger das Modell einer multikulturellen Gesellschaft als vielmehr einer Gesellschaft kultureller Vielfalt. Spannend dürfte es sein, ob diese Vorstellung auch auf den Global Player katholische Kirche übertragbar ist.

KIRCHE IM DIALOG
*Papst Franziskus, die Ökumene
und die Religionen*

Fest verwurzelt im katholischen Glauben kann Jorge Mario Bergoglio offen sein für die Menschen, gleich welcher Nation, Konfession, Religion, aber auch für die Nichtglaubenden. Der langjährige Erzbischof von Buenos Aires hat hier keine Berührungsängste. Im Gegenteil, er sucht das Gespräch. So pflegt er zu den Juden in seiner Heimat ein herzliches Verhältnis. Das bereits mehrfach zitierte Gespräch mit dem Rabbiner Abraham Skorka ist ein Beleg dafür. Kurz nach dem Konklave 2005 erscheint in rechtskatholischen Internetforen ein Foto, das Kardinal Bergoglio zeigt, wie er kniet und von protestantischen und evangelikalen Geistlichen die Hände aufgelegt bekommt. Der Kommentar lautete sinngemäß: »Gott sei Dank ist dieser Synkretist nicht Papst geworden!« Seit März 2013 ist der Erzbischof von Buenos Aires nun doch Papst. Allerdings ist er weit davon entfernt, Synkretismus zu betreiben.

Für Argentinien wie für ganz Lateinamerika ist die Situation eines konfessionellen oder religiösen Pluralismus eine relativ junge Erfahrung. Über nahezu 500 Jahre war der Kontinent katholisch. Das hat sich Mitte des 20. Jahrhunderts radikal verändert. Seitdem breiten sich aus den USA kommend evangelikale und pentekostale Bewegungen und Kirchen auf der Südhälfte des amerikanischen Kontinents aus. In den ersten Jahrzehnten wurden sie von der katholischen Kirche nicht ernst genommen und als »Sekten« abqualifiziert. So sahen sich viele Bischöfe nicht zu einer Reaktion herausgefordert. Doch spätestens seit den großen Abwanderungswellen von Katholiken zu diesen neuen christlichen Gemeinschaften gegen Ende des 20. Jahrhunderts wurde vielen Verantwortungsträgern vor Ort und auch im Vatikan bewusst, dass es sich hier um eine ernstzunehmende Herausforderung handelt. Schätzungen gehen von 400 Millionen Evangelikalen und Pentekostalen weltweit aus. Damit sind diese christlichen Gruppierungen dabei, die traditionellen protestantischen Kirchen wie Lutheraner und Reformierte etc. zahlenmäßig zu überholen. Der im Vatikan für die Ökumene zuständige Kardinal Kurt Koch spricht bereits von einer »Pentekostalisierung« des Christentums. Dies bedeute auch eine völlig neue Situation für die Ökumene, die sich damit ganz grundlegend von der ökumenischen Situation zur Zeit des II. Vatikanischen Konzils unterscheide.

Der ehemalige Erzbischof von Buenos Aires, Jorge Mario Kardinal Bergoglio, ist mit den neuen christlichen Gemeinschaften vertraut. Seit Jahren nimmt er an den gemeinsamen Treffen der Evangelikalen und Katholiken in Buenos Aires teil. Zuletzt kommen dazu im Oktober 2012 mehr als 6000 Teilnehmer im Luna-Park der Hauptstadt zusammen. Neben evangelikalen Pastoren sprechen auch der Päpstliche Hausprediger, Raniero Cantalamessa, und Kardinal Bergoglio. Seine Botschaft an die Christen der verschiedenen Konfessionen: Christus ist noch heute unter uns. »Ich habe keine Angst vor denen, die Jesus bekämpfen, denn diese sind schon besiegt. Ich habe mehr Angst vor den unaufmerksamen, abgelenkten Christen, die gar nicht bemerken, wenn Jesus vorübergeht.« Das erinnert doch sehr an Papst Benedikt XVI., der beispielsweise in seiner Predigt bei der Jugendvigil in Freiburg im September 2011 feststellt: »Der Schaden der Kirche kommt nicht von ihren Gegnern, sondern von den lauen Christen.« Als Kardinal Bergoglio zum ersten Mal an dem Treffen von Katholiken und Evangelikalen teilnimmt, entsteht das bereits beschriebene Foto. Die evangelikalen Pastoren hatten die Menschen zum Gebet für ihn aufgefordert. Dazu kniete er sich hin. Wie bei den Evangelikalen üblich, legten ihm die Pastoren zum Gebet die Hände auf. Eine Woche später, berichtet Bergoglio, habe die erste konservative katholische Zeitschrift getitelt: »Buenos Aires, vakanter Bischofsstuhl. Der Erzbischof ist vom Glauben abgefallen«. Dabei sei es für ihn kein Problem gewesen. Jeder soll nach seiner Tradition beten. Das hat für Bergoglio nichts mit Synkretismus zu tun, der Vermischung von Konfessionen und Religionen. Diesen lehnt er ebenso ab wie jede Form des Proselytismus, das aktive Abwerben von Gläubigen anderer Konfessionen und Religionen.

Schon früh beschäftigt sich Jorge Mario Bergoglio mit protestantischer Theologie. Während seines Studiums liest er die Schriften des lutherischen Theologen Dietrich Bonhoeffer (1906-1945), eines der bekanntesten Vertreter der Bekennenden Kirche und Widerstandskämpfer gegen die Nationalsozialisten. Bei seinen Aufenthalten in Deutschland in den 1980er Jahren lernt Bergoglio ein Land kennen, das konfessionell betrachtet für ihn ein Novum ist: Der Anteil von Katholiken und Protestanten in der Bevölkerung ist in etwa gleich groß. So kennt er auch die Probleme, die die Trennung der Konfessionen für den Alltag vieler Menschen mit sich bringt.

Angesichts der Offenheit von Papst Franziskus für die Nöte der Menschen hoffen die Vertreter der Protestanten, wie der Ratsvorsitzende der Evangelischen Kirche in Deutschland, Nikolaus Schneider, auf konkrete Fortschritte in der Ökumene. Schneider ist Anfang April 2013 der erste offizielle Vertreter des Protestantismus, der von Franziskus in Privataudienz empfangen wird. Der Papst nutzt die Gelegenheit und bestätigt, dass er getreu den Beschlüssen des II. Vatikanischen Konzils in der Ökumene den Kurs seines Vorgängers Benedikt XVI. fortsetzen möchte. Er anerkennt ausdrücklich Benedikts Ansprache im Kapitelsaal des Augustinerklosters in Erfurt im September 2011, in der dieser Martin Luther in seiner Suche nach Gott würdigt. Nikolaus Schneider und Franziskus sprechen einander als »Brüder« an. Das erinnert an die Begegnung mit dem Ökumenischen Patriarchen von Konstantinopel, Bartholomäus I., am Tag nach dem Gottesdienst zum Pontifikatsbeginn.

Nach den einleitenden Worten des Patriarchen dankt Franziskus dem »Bruder Andreas«. Andreas deshalb, weil der Patriarchensitz in Konstantinopel, dem heutigen Istanbul, auf den Apostel Andreas zurückgeht. Auch wird genau registriert, dass Patriarch und Papst bei der Gelegenheit auf dem gleichen schlichten Stuhl sitzen. Man spricht miteinander auf Augenhöhe. Aufmerksam haben die Vertreter der anderen christlichen Kirchen Franziskus' Worte beim ersten Auftritt am 13. März 2013 verfolgt, als dieser sich als »Bischof von Rom« vorstellt, der den »Vorsitz in der Liebe« innehat. Das ist eine Formulierung, die Ignatius von Antiochien (70-107) in einem Brief an die Gemeinde in Rom verwendet. Sich in diese Tradition zu stellen hat sowohl innerkatholische als auch ökumenische Auswirkungen. Sie eröffnet in der Ökumene die Möglichkeit, über ein Papstamt nachzudenken, das auch von den anderen christlichen Kirchen akzeptiert werden kann. Hier kann Franziskus anknüpfen an das Gespräch über das Papstamt, das schon seine Vorgänger Papst Johannes Paul II. und Benedikt XVI. angestoßen und betrieben haben. Vor allem im Dialog mit den orthodoxen Kirchen wurde in den vergangenen Jahren bereits intensiv am Thema Papstamt gearbeitet. Von einer Einheit sind die christlichen Kirchen zwar noch weit entfernt, doch zeigt Franziskus mit der starken Betonung seines Amts als »Bischof von Rom«, dass er bereit ist, sich auf die anderen Gesprächspartner zuzubewegen. Der theologische Dialog ist ihm dabei wichtig. Daneben sieht er allerdings die Notwendigkeit, dass die Christen gemeinsam Zeugnis ablegen in der Gesellschaft, dass sie gemeinsam beten und arbeiten. »Je treuer wir in Gedanken, Worten und Werken dem Willen Gottes folgen, umso mehr bewegen wir uns wirklich und wesentlich auf die Einheit zu.« Bei der Einheit schwebt ihm keine Einheitlichkeit vor. Im Gespräch mit den Journalisten Rubin und Ambrogetti spricht der damalige Erzbischof von Buenos Aires von einer »versöhnten Verschiedenheit«. Mit Blick auf die Protestanten bietet das Reformationsjubiläum 2017 die Möglichkeit, weitere konkrete Schritte in der Ökumene zu gehen.

In Bezug auf die Orthodoxie war bereits die Anwesenheit Patriarch Bartholomäus' I. bei der Amtseinführung von Papst Franziskus ein klares Zeichen, dass sich die Beziehungen in den letzten Jahren unter Benedikt XVI. weiter verbessert haben und das Gespräch auf einem guten Weg ist. In Argentinien pflegte Bergoglio nach Aussage des russisch-orthodoxen Bischofs für Südamerika, Ioann, gute Kontakte zu seiner Kirche. So habe der Kardinal regelmäßig an den Weihnachtsgottesdiensten in der russisch-orthodoxen Kirche in Buenos Aires teilgenommen. Vielleicht helfen diese Kontakte auch, die Verstimmungen zwischen dem Vatikan und der russisch-orthodoxen Kirchenzentrale in Moskau auszuräumen. Denn die einzigen kritischen Töne im Bereich der Ökumene nach der Wahl von Franziskus kamen aus Moskau. Dort wurde umgehend auf Probleme mit der griechisch-katholischen Kirche in der Ukraine verwiesen, die es aus Sicht Moskaus seit den 1990er Jahren gibt. Dabei geht es unter anderem um den Streit um Sakralbauten. In seiner Zeit als Erzbischof von Buenos Aires war Bergoglio zuständig für die katholischen Ostkirchen in Argentinien. Er kennt also die östliche Spiritualität und auch die schwierige Situation und Rolle der unierten Ostkirchen im Dialog mit der Orthodoxie.

Zur jüdischen Gemeinde in Buenos Aires pflegt Kardinal Bergoglio eine enge Beziehung. Mehrfach besucht er die Synagoge der Hauptstadt und nimmt an Veranstaltungen der jüdischen Gemeinde teil. Umgekehrt lädt er jüdische Freunde, darunter den Direktor des Lateinamerikanischen Jüdischen Kongresses, Claudio Epelman, zum privaten Weihnachtsessen ein. Die Beziehungen sind freundschaftlich und herzlich. Der Kardinal stellt die Kathedrale der Hauptstadt für eine Gedenkveranstaltung für die Opfer des Holocausts zur Verfügung. Rabbiner Abraham Skorka berichtet, dass er sich mindestens zweimal im Monat mit dem ehemaligen Erzbischof getroffen habe. Die Begegnungen fanden abwechselnd am Sitz des Erzbischofs oder in der jüdischen Gemeinde Benei Tikva statt. Aus ihren zahlreichen Treffen ist 2010 das Buch mit dem Titel »Über Himmel und Erde« entstanden. Es ist ein Dialog über aktuelle Themen des Lebens. Angefangen von Gott über Armut, Ehe, Scheidung bis hin zum Kapitalismus, Kommunismus, Fundamentalismus und dem Tod sprechen die beiden offen über ihren Glauben und die Sicht der Welt vor diesem Hintergrund.

Bergoglio setzt sich dafür ein, dass Skorka im Oktober 2012 als erstem Juden die Ehrendoktorwürde der Päpstlichen Katholischen Universität von Buenos Aires verliehen wird. Schon 2002 hatte Skorka dort einen Lehrstuhl für Hebräisches Recht gegründet. Bergoglio spricht von den Juden als den »älteren Brüdern im Glauben«. Er lehnt in Kontinuität mit dem II. Vatikanischen Konzil jegliche Judenmission ab. Die Juden seien noch immer Hüter der Verheißung Gottes, so Bergoglio im Gespräch mit Skorka in Anlehnung an die Formulierung in der Konzilserklärung »Nostra Aetate«, dass die Juden »nach dem Zeugnis der Apostel immer noch von Gott um der Väter willen geliebt sind; sind doch seine Gnadengaben und seine Berufung unwiderruflich«. Auch lehnt Bergoglio es in der Tradition des Konzils ab, die Juden des Gottesmords zu beschuldigen, wie es bisweilen in traditionalistischen katholischen Kreisen bis heute vorkommt. Scharf verurteilt der Erzbischof von Buenos Aires jede Form des Antisemitismus. Noch am Abend seiner Wahl zum Papst schreibt Franziskus einen kurzen Brief an den Oberrabbiner von Rom, Riccardo di Segni. Darin verleiht er seiner Hoffnung Ausdruck, dass die guten Beziehungen, die sich seit dem II. Vatikanischen Konzil entwickelt haben, weiter ausgebaut werden können. Auf jüdischer Seite ist man zuversichtlich, dass es gerade Papst Franziskus mit seinen engen Beziehungen zum Judentum gelingen könnte, die noch bestehenden Probleme etwa bei kritischen Themen wie der Karfreitagsfürbitte in der außerordentlichen Form des Römischen Ritus oder der Diskussion um die Seligsprechung Papst Pius' XII. abzubauen.

Ähnlich große Hoffnungen wie die Vertreter des Judentums setzen die Muslime in Papst Franziskus. In Buenos Aires pflegt Kardinal Bergoglio auch zu ihnen gute Kontakte. Immer wieder organisiert er Begegnungen, an denen Vertreter der drei monotheistischen Religionen teilnehmen. Zuletzt war dies im Dezember 2012 der Fall, als er mit jüdischen und muslimischen Partnern aus Anlass des jüdischen Chanukka-Fests eine Feier veranstaltete, um ein Zeichen der Toleranz, des friedlichen Zusammenlebens und der Religionsfreiheit zu setzen. Religionsfreiheit bedeutet für Bergoglio, dass die verschiedenen Religionen gleichberechtigt sind. So ändert er das Protokoll beim jährlichen Tedeum am Nationalfeiertag. Früher war es üblich, dass der Präsident beim Gottesdienst in der Kathedrale nur vom Nuntius und dem Erzbischof begrüßt wird. Kardinal Bergoglio ändert das Protokoll dahingehend, dass der Präsident nun alle Religionsvertreter begrüßt. Seit 2009 ist es außerdem üblich, dass die Vertreter der anderen Religionen ein Gebet im Rahmen der Zeremonie sprechen.

Viele Vertreter des Islams weisen in ihren Reaktionen auf die Wahl des neuen Pontifex auf die Besonderheit der Namenswahl hin. Der Generalsekretär des islamischen Kulturzentrums der Großen Moschee von Rom, Abdallah Reduane, erklärt, wenn Papst Franziskus auf den Spuren des heiligen Franz von Assisi wandle, stehe er für Dialog und Verständigung zwischen den Religionen. Das lasse hoffen. Besondere Aufmerksamkeit löst im Vatikan das Glückwunschschreiben von Imam Ahmed Al Tayeb von der Al-Azhar-Universität in Kairo aus. Der Imam bietet dem Papst »volle Zusammenarbeit und Liebe« an, »um gemeinsame Werte zu sichern und der Kultur des Hasses und der Ungleichheit ein Ende zu setzen«. Er hoffe, dass man nach den Problemen im Pontifikat von Papst Benedikt XVI. den Dialog wieder aufnehmen werde. Die Al-Azhar-Universität, die eine der wichtigsten Autoritäten im sunnitischen Islam ist, hatte Anfang 2011 den Dialog mit dem Vatikan unterbrochen. Vorausgegangen war eine Rede Papst Benedikts XVI., in der er mehr Religionsfreiheit in islamischen Ländern gefordert hatte. Darüber waren Islamgelehrte verärgert und legten den Austausch vorübergehend auf Eis.

Für Papst Franziskus hat der Dialog mit dem Islam eine besondere Priorität. Das betont er gleich zu Beginn seines Pontifikats mehrfach. So erklärt er bei der Audienz für das beim Heiligen Stuhl akkreditierte Diplomatische Korps am 22. März 2013: »Man kann nämlich keine Brücken zwischen den Menschen bauen, wenn man Gott vergisst. Doch es gilt auch das Gegenteil: Man kann keine wahre Verbindung zu Gott haben, wenn man die anderen ignoriert. Darum ist es wichtig, den Dialog zwischen den verschiedenen Religionen zu verstärken – ich denke besonders an den mit dem Islam –, und ich habe die Anwesenheit vieler ziviler und religiöser Autoritäten der islamischen Welt bei der Messe zu meiner Amtseinführung sehr geschätzt.«

Pontifex, Brückenbauer, möchte Papst Franziskus sein – zwischen den Konfessionen und Religionen, aber ebenso zwischen den Glaubenden und den Nichtglaubenden. Mit den Letztgenannten möchte er dezidiert in einen Dialog treten. Direkt im Anschluss an die eben zitierte Passage fährt er fort: »Es ist auch wichtig, die Auseinandersetzung mit den Nichtglaubenden zu intensivieren, damit niemals die Unterschiede, die trennen und verletzen, überhandnehmen, sondern bei aller Verschiedenheit doch der Wunsch überwiegt, wahre Bindungen der Freundschaft zwischen allen Völkern aufzubauen.« Auch bei der Audienz für die Religionsvertreter, die an der Amtseinführung teilgenommen haben, spricht er das Thema »Nichtglaubende« an. Im Hinblick auf die Ideologien des 20. Jahrhunderts, die versucht hätten, Gott aus dem Leben der Menschen zu entfernen und dabei »viel Gewalt« hervorgebracht hätten, sei klargeworden, dass für die Gesellschaften eine Offenheit für Transzendenz konstitutiv sei. »Darin fühlen wir uns all jenen Männern und Frauen nahe, die sich zwar zu keiner religiösen Tradition bekennen, sich aber dennoch auf der Suche nach dem Wahren, dem Guten und dem Schönen, nach diesem Wahren, Guten und Schönen, das Gott ist, befinden und die unsere wertvollen Verbündeten sind im Einsatz zur Verteidigung der Menschenwürde, beim Aufbau eines friedlichen Zusammenlebens unter den Völkern und bei der achtsamen Bewahrung der Schöpfung.«

Hier kann Papst Franziskus an eine Initiative seines Vorgängers anknüpfen, den »Vorhof der Völker«. Das ist eine Veranstaltungsreihe des Päpstlichen Kulturrats unter Leitung von Kardinal Gianfranco Ravasi. Mit mehrtägigen Symposien in Großstädten rund um den Globus sucht die katholische Kirche den Dialog mit Atheisten und Agnostikern. Solche Veranstaltungen fanden unter anderem schon in Assisi, Stockholm und Paris statt. Franziskus hat großen Respekt vor den Nichtglaubenden und Andersglaubenden. Aufsehen erregt er mit dem Abschluss der Audienz für die Medienvertreter am 16. März 2013. Er erteilt nicht wie üblich öffentlich den Apostolischen Segen, sondern sagt: »Da aber viele von Ihnen nicht der katholischen Kirche angehören, andere nicht gläubig sind, erteile ich von Herzen diesen Segen in Stille jedem von Ihnen mit Respekt vor dem Gewissen jedes Einzelnen, aber im Wissen, dass jeder von Ihnen ein Kind Gottes ist. Gott segne Sie.« Als Christ sei man aufgefordert, in jedem Menschen ein Abbild Gottes zu sehen, ob er nun glaubt oder nicht, erklärt Kardinal Bergoglio im Gespräch mit dem Rabbiner Skorka. Es stehe ihm nicht zu, über die Rechtschaffenheit des Anderen zu urteilen. Dies dürfe allein Gott.

Franziskus lehnt jede Form der Gewalt im Namen der Religion ab. Er bezeichnet sie als eine Ideologisierung der Religion. Das Gebot »Du sollst deinen Nächsten lieben wie dich selbst« bedeute, dem Nächsten die Hand zu reichen, ob er nun glaubt oder nicht. Gegenüber Sergio Rubin und Francesca Ambrogetti zeigt er sich überzeugt, dass die Menschen eine »Kultur der Begegnung« entwickeln müssen, »oder wir gehen unter«. Die ganzen totalitären Gesellschaftsentwürfe wie Kommunismus, Nazismus oder Liberalismus führten letztendlich in die Vereinzelung des Menschen, auch wenn sie anderes vortäuschten. Die »Kultur der Begegnung« setzt eine Offenheit gegenüber dem anderen voraus. Damit schließt sich der Kreis zur Grundhaltung des Christen, wie Bergoglio sie vorlebt und sie in einer Kirche des Dialogs verwirklicht sehen möchte.

ZWEI PÄPSTE

Der Rücktritt Benedikts XVI.
und seine Folgen

Es ist ein historischer Moment, als sich am 23. März 2013 zwei Päpste begegnen. Franziskus besucht seinen Vorgänger Benedikt XVI. in der päpstlichen Sommerresidenz in Castel Gandolfo. Zweieinhalb Stunden dauert die Begegnung. Der sichtlich vom Alter gezeichnete Benedikt XVI. holt seinen Nachfolger am Hubschrauberlandeplatz in den Gärten der Päpstlichen Villen ab. Gemeinsam begeben sie sich zunächst in die Kapelle des Apostolischen Palasts. Dort kommt es zu einem kleinen Gerangel. Für den amtierenden Papst steht in der Mitte vor dem Altar eine Kniebank mit Stuhl bereit. Doch Franziskus drängt sich mit den Worten »Wir sind Brüder!« zu Benedikt XVI. in die Kniebank in der zweiten Reihe. Anschließend ziehen sich die beiden 45 Minuten zum Privatgespräch zurück. Über den Inhalt kann nur spekuliert werden. Legt Benedikt XVI. seinem Nachfolger die Gründe für den Rücktritt noch einmal ausführlich dar? Spricht er mit Franziskus über die Vatileaks-Affäre? Fest steht: Benedikt XVI. hat verfügt, das Dossier der drei Kardinäle, die seit Frühjahr 2012 neben der vatikanischen Polizei im Vatileaks-Skandal ermittelt hatten, geht direkt an den neuen Papst und darf sonst von niemandem eingesehen werden. Die Kardinäle Julian Herranz, Jozef Tomko und Salvatore di Giorgi hatten Benedikt XVI. am 17. Dezember 2012 einen mehrere hundert Seiten umfassenden Bericht übergeben. Wenige Tage vor Ende seines Pontifikats waren es genau diese drei Kardinäle, die Benedikt XVI. als letzte kirchliche Würdenträger offiziell in Audienz empfing. Das nährte die Spekulationen, dass Vatileaks eine wichtige Rolle bei der Rücktrittsentscheidung Ratzingers gespielt habe.

Ohne Zweifel kommt der Amtsverzicht Papst Benedikts XVI. überraschend, als er diesen am 11. Februar 2013 ankündigt. Schnell ist klar, dass er nur sehr wenige enge Vertraute bei der Entscheidungsfindung einbezogen hat. Joseph Ratzinger hatte zwar nie ausgeschlossen, dass ein Pontifex zurücktreten kann. Doch dass er diesen Schritt wirklich konkret vollziehen würde, hielten nur sehr wenige für möglich. Das fällt vor allen Dingen denen schwer zu verstehen, die in Papst Benedikt XVI. immer einen Verfechter eines etwas entrückten, stark sakralisierten Papstamts sahen, die den Akzent stark auf den »Stellvertreter Christi auf Erden« legten und weniger auf den »Bischof von Rom«. Sicher ist Joseph Ratzinger überzeugt, dass das Papstamt eine gewisse Darstellung braucht und eine starke theologische Komponente besitzt. Im Rückblick finden sich aber von Anfang an im Pontifikat Benedikts XVI. Zeichen dafür, dass er das Papstamt zumindest in Teilen sehr funktional sieht. So hat er die drei Jesusbücher auch unter seinem Geburtsnamen veröffentlicht. Im ersten Band ruft er zur Diskussion über sein Werk auf und unterstreicht, dass es sich bei seinen Büchern nicht um lehramtliche Dokumente handelt. Nun ist es in der Praxis nicht einfach, zwischen dem privaten Theologen Joseph Ratzinger und dem Papst als obersten Vertreter des kirchlichen Lehramts zu unterscheiden. Aber Benedikt XVI. macht mit dieser Differenzierung deutlich, dass das Amt eine funktionale Komponente hat.

Am 28. April 2009 besucht Benedikt XVI. die Erdbebenregion um die Stadt L'Aquila in der italienischen Region Abruzzen. Eine Station ist die beim Beben stark zerstörte Basilika Santa Maria di Collemaggio, in der sich das Grab Papst Coelestins V. befindet. Der wurde 1294 zum Papst gewählt und trat nach wenigen Monaten wieder von seinem Amt zurück. In der Basilika kommt es zu einer ungewöhnlichen Begebenheit. Benedikt XVI. legt sein Pallium am Grab Coelestins V. ab. Es ist neben dem Fischerring eines der beiden Machtinsignien, die ihm bei seiner Amtseinführung am 24. April 2005 übergeben wurden. Ist für Benedikt XVI. damals schon klar, dass er dem Vorbild Coelestins einmal folgen wird? Der Reliquienschrein Coelestins wird kurze Zeit später in die Kathedrale von Sulmona übertragen. In der Nähe der kleinen Stadt in den Abruzzen hatte er vor seiner Papstwahl als Einsiedler gelebt. Benedikt XVI. besucht am 4. Juli 2010 Sulmona und würdigt Coelestin V. als Vorbild für ein einfaches Leben in Stille und Dankbarkeit. Zweimal wandelt Benedikt XVI. also auf den Spuren des »Papstes der Abdankung«. Im November 2011 veröffentlicht Joseph Ratzinger unter dem Titel »Licht der Welt« ein Interviewbuch mit dem deutschen Journalisten Peter Seewald. Darin äußert er sich zu einem möglichen Rücktritt und stellt fest: »Wenn ein Papst zur klaren Erkenntnis kommt, dass er physisch, psychisch und geistig den Auftrag seines Amtes nicht mehr bewältigen kann, dann hat er ein Recht und unter Umständen auch eine Pflicht, zurückzutreten.« Fast wörtlich klingt die Formulierung am 11. Februar 2013 in der Rücktrittserklärung an: »Um das Schifflein Petri zu steuern und das Evangelium zu verkünden, ist sowohl die Kraft des Körpers als auch die Kraft des Geistes notwendig, eine Kraft, die in den vergangenen Monaten in mir derart abgenommen hat, dass ich mein Unvermögen erkennen muss, den mir anvertrauten Dienst weiter gut auszuführen.« Die Konsequenz für Benedikt XVI. lautet: Amtsverzicht.

Für Joseph Ratzinger scheint zum Jahreswechsel 2012/2013 der richtige Moment gekommen zu sein, diesen Schritt zu vollziehen. In dem bereits erwähnten Interviewbuch mit Peter Seewald fügt er nämlich beim Thema Rücktritt hinzu, dass in schwierigen Situationen nicht der richtige Zeitpunkt für einen Amtsverzicht sei. Wenn die Gefahr groß sei, dürfe man nicht davonlaufen und sagen, es solle ein anderer machen. »Zurücktreten kann man in einer friedlichen Minute, oder wenn man einfach nicht mehr kann.«

Beide Voraussetzungen sind für Benedikt XVI. zum Jahresende 2012 erfüllt. Nach den Skandalen der vergangenen Jahre scheint etwas Ruhe einzukehren. Mit der Begnadigung des Kammerdieners Paolo Gabriele kurz vor Weihnachten 2012 scheint auch der Vatileaks-Skandal mit dem Diebstahl und der Veröffentlichung privater Dokumente des Papstes zunächst abgeschlossen, wenn auch die Hintergründe nach wie vor nicht geklärt sind. Zugleich lassen die physischen Kräfte Benedikts XVI. stark nach. Zu einem Augenleiden und Problemen beim Gehen, die ihn schon seit längerer Zeit plagen, kommt im Laufe des Jahres 2012 ein Rückenleiden dazu. Bei der großen Interkontinentalreise im März 2012 nach Mexiko und Kuba wird Benedikt XVI. klar, dass seine Kräfte für das anstrengende Amt eigentlich nicht mehr ausreichen. Vertraute berichten, dass er nach seiner Rückkehr erstmals über die Last des Amtes klagt. Wenige Tage später feiert er im kleinen Rahmen mit einer Delegation aus der bayerischen Heimat den Gottesdienst zum 85. Geburtstag in der Cappella Paolina des Apostolischen Palasts. Einige Worte am Ende der frei gehaltenen Predigt, gesprochen mit heiserer, schwacher Stimme, lassen Beobachter aufhorchen. »Ich stehe vor der letzten Wegstrecke meines Lebens und weiß nicht, was mir verhängt sein wird. Aber ich weiß, dass das Licht Gottes da ist, dass er auferstanden ist, dass sein Licht stärker ist als alles Dunkel; dass Gottes Güte stärker ist als alles Böse dieser Welt. Und das lässt mich in Gewissheit weitergehen.«

Der Alltag hat Benedikt XVI. schnell wieder im Griff. Zumal mit Vatileaks eine weitere Krise das Pontifikat erschüttert. Sie führt Ratzinger vor Augen, dass ein großes Thema in seiner Amtszeit bisher nicht angegangen wurde: die Reform der Kurie und alles, was damit in Zusammenhang steht wie etwa die Frage der Finanzen und der Vatikanbank IOR. Doch dazu sieht er sich selbst nicht mehr in der Lage. Immer wieder spricht sich Benedikt XVI. gegen Karrierismus aus. Er will die Kirche aus den negativen Schlagzeilen bringen, fordert eine Null-Toleranz-Politik nicht nur bei den Missbrauchsfällen, sondern auch in anderen Bereichen wie den Finanzen. Ethisch sauber soll das Handeln der Kirche sein. Während er beim Thema Missbrauch nach anfänglichen Widerständen in der Kurie auf lange Sicht Erfolg zu haben scheint, ist das an den anderen Stellen schwieriger. Selbst seine engsten Mitarbeiter scheinen ihn bei dieser Politik nicht wirklich unterstützt zu haben. So kommt er am Ende zu dem Schluss, dass die Kräfte nicht mehr ausreichen, um das Amt auszuführen. Wenn es stimmt, dass Benedikt XVI. bereits beim traditionellen Treffen mit den Kardinälen kurz vor Weihnachten (21. Dezember 2012) seinen Amtsverzicht bekanntgeben wollte, auf Anraten des Kardinalstaatssekretärs die Ankündigung aber auf später verschob, zeigt dies einmal mehr, dass der Vatileaks-Bericht der Kardinalssonderkommission für die Entscheidung nicht mehr ausschlaggebend war. Diese ist bereits früher gefallen, denn der Bericht wurde erst vier Tage vor dem Weihnachtstreffen mit den Kurialen übergeben.

Auch wenn das Kirchenrecht in Canon 332 die Möglichkeit eines Amtsverzichts vorsieht, so sind doch viele Verfahrensfragen offen. Dies zeigt sich in den Tagen nach der Bekanntgabe des Amtsverzichts am 11. Februar 2013. Protokollarische Fragen sind unklar: Welchen Titel trägt Benedikt XVI. künftig? Wo wird er leben? Gibt es einen Ritus zum Ende des Pontifikats? Wie funktioniert das Miteinander oder Nebeneinander von zwei Päpsten? Kann der zurückgetretene Papst noch öffentlich auftreten? Benedikt XVI. hatte es versäumt, in einer früheren Phase seines Pontifikats Regeln für den Fall eines Amtsverzichts vorzubereiten. Zwar gibt es Gerüchte, dass eine entsprechende Apostolische Konstitution bereits von den Juristen des Staatssekretariats ausgearbeitet worden sei, man aber dem Papst davon abgeraten habe, sie zu veröffentlichen. Dadurch habe man vermeiden wollen, dass Druck auf den Papst ausgeübt werde, auch wirklich zurückzutreten. Sollte es dieses Dokument geben, täte Franziskus gut daran, es möglichst bald zu veröffentlichen. Gibt es die

Konstitution nicht, sollte er sie schnell ausarbeiten lassen, damit für die Zukunft die Fragen geklärt sind. Benedikt XVI. hat in einigen Dingen Klarheit geschaffen: Der Titel des zurückgetretenen Papstes ist »Papa emeritus – emeritierter Papst«. Er wird weiterhin mit »Seine Heiligkeit« angesprochen und trägt auch weiter eine weiße Soutane, allerdings im Unterschied zum amtierenden Papst ohne weißen Schulterumhang und ohne weiße Schärpe. Trotzdem sind noch Punkte offen. So steht die Frage im Raum, ob es nicht einen Ritus geben sollte, der das Ende eines Pontifikats markiert. Das könnte beispielsweise das Ablegen des Fischerrings und des Palliums am Petrusgrab sein. Dort liegen die beiden päpstlichen Machtinsignien ja vor dem Gottesdienst zum Beginn eines Pontifikats, bevor sie dem neuen Papst feierlich übergeben werden. So könnte man eine »Klammer« vom Ende des alten zum Beginn des neuen Pontifikats schaffen. Im Zusammenhang mit der umfassenden Regelung eines Amtsverzichts des Papstes könnte auch geklärt werden, was passiert, wenn ein Papst wegen Krankheit regierungsunfähig wird. Bisher gibt es für diesen Fall keine klaren Regelungen. Ein eigenes Dokument zum Amtsverzicht wäre daher notwendig und hilfreich. Dies ist vor allem deshalb wichtig, weil Gegner eines Papstrücktritts wiederholt als ein Argument die Gefahr eines Schismas anführen. Sie befürchten, dass Anhänger des zurückgetretenen Papstes Entscheidungen des Nachfolgers nicht anerkennen und seine Autorität anzweifeln. Benedikt XVI. beugt solchen Tendenzen vor. Beim letzten Treffen mit den Kardinälen am 28. Februar 2013 sichert er seinem Nachfolger »bedingungslose Ehrerbietung und Gehorsam« zu. Mehrfach betont er, dass er nach seinem Amtsverzicht für die Welt verborgen sein wird und seine Aufgabe nun darin sieht, im geistlichen Sinn für die Kirche zu arbeiten, betend im Herzen der katholischen Kirche im Kloster Mater Ecclesiae im Vatikan, das für ihn eigens umgebaut wird. Bei seinem letzten Auftritt in der Öffentlichkeit am Nachmittag des 28. Februar 2013 in Castel Gandolfo sagt er: »Ich möchte noch einmal mit meinem Herzen, mit meiner Liebe, meinem Gebet, meiner Meditation und allen meinen inneren Kräften für das Wohl aller und der Kirche, ja für die Menschheit arbeiten.« Knapp ein Jahr zuvor besuchte Benedikt XVI. ein Benediktinerkloster in der Nähe des Kolosseums in Rom. Ein Pater der Gemeinschaft erinnert sich später an die Worte Joseph Ratzingers bei dieser Gelegenheit: »Ich fühle mich als Mönch, wie ihr. Unter den Mönchen fühle ich mich zu Hause.« Die Worte klingen beinahe so, als habe der Pontifex bereits damals für sich beschlossen gehabt, wie seine Zukunft aussehen wird.

Der Rücktritt Benedikts XVI. kommt auch für die Kardinäle überraschend. Öffentlich wird wenig Kritik geäußert an dem Schritt. Doch intern wird durchaus kontrovers darüber diskutiert. Der Erzbischof von Sydney, Kardinal Georg Pell, ist einer der wenigen, die sich aus der Deckung wagen. In einem Fernsehinterview spricht er von einem »besorgniserregenden Präzedenzfall«. Künftige Päpste könnten dadurch unter Druck kommen und sich bei Meinungsverschiedenheiten oder in Krisensituationen Rücktrittsforderungen ausgesetzt sehen. Andere Kardinäle sehen das Papstamt durch den Amtsverzicht beschädigt. Sie werten genau das kritisch, was von vielen Menschen weltweit positiv an der Entscheidung Benedikts XVI. gewürdigt wird: eine Entmystifizierung des Amtes. Mit seinem Verzicht schafft Benedikt XVI. eine radikal neue Situation, die es so bisher nicht gegeben hat. Der Papst, der immer kritisiert wurde, das Rad der Zeit zurückdrehen zu wollen, öffnet mit seinem Schritt der Kirche eine Zukunft in großer Freiheit. Dessen sind sich auch die Kardinäle bewusst, als sie am 4. März 2013 zur ersten Generalkongregation zusammentreten. Es geht nicht einfach nur darum, einen neuen Papst zu finden. Die Situation ist auch nicht mit der von 1294 zu vergleichen, als Coelestin V. mehr oder weniger zur Abdankung gedrängt wurde. Auch der Rücktritt Gregor XII. im Jahr 1415 kann nicht als Vergleich herangezogen werden. Der trat beim Konzil von Konstanz (1415-1417) zurück, um nach dem Abendländischen Schisma den Weg für einen von allen Seiten akzeptierten Petrusnachfolger frei zu machen. Benedikt XVI. tritt 2013 aus freien Stücken zurück, und doch sind mit diesem Schritt viele Fragen verbunden. Die Kardinäle versuchen im Vorkonklave genau zu analysieren, wie es zum Rücktritt Benedikts XVI. kommen konnte und welche Konsequenzen daraus zu ziehen sind. Viel wird über den Zustand der Kurie und die Mitarbeiter des Papstes gesprochen. Doch der Blick geht nicht nur zurück, sondern sehr stark nach vorne. Mehr noch als beim Vorkonklave 2005 sprechen die Kardinäle im März 2013 über konkrete Veränderungen in der Arbeit des künftigen Papstes. Dieser sitzt unter ihnen und hört genau zu.

So ist der Rücktritt von Benedikt XVI. für seinen Nachfolger zum einen eine große Befreiung, zum anderen aber gleichsam eine Last. Die radikale Neuheit des Amtsverzichts macht den Weg frei für einen Neuanfang mit ganz eigenen, neuen Elementen und Schwerpunkten bei Stil, Struktur und Inhalten. Zugleich liegt es am neuen Papst, einen Modus Vivendi zu finden für das Nebeneinander oder Miteinander von zwei Päpsten. Franziskus muss lernen, mit dem Druck umzugehen, der durch den Rücktritt des Vorgängers auf ihm lastet, zu gegebener Zeit selbst zurückzutreten. Andererseits dürfte ein solcher Schritt künftig leichterfallen, da der Weg dafür weitestgehend geebnet ist. Franziskus und Benedikt XVI. finden sehr schnell den richtigen Weg, mit der ungewohnten Situation umzugehen. Sie telefonieren regelmäßig und stehen so in einem ständigen Kontakt – wobei klar ist, dass sie sich in ihrer jeweiligen Rolle als amtierender und emeritierter Papst vollauf akzeptieren.

Im Stil sind die beiden Päpste unterschiedlich. Inhaltlich gibt es aber doch eine große Übereinstimmung. Darüber darf das Äußere nicht hinwegtäuschen. Wenn Franziskus etwa beim ersten Treffen mit dem Diplomatischen Korps Ende März 2013 von der »Diktatur des Relativismus« spricht, von der Armut, die nicht nur materiell, sondern geistlich sei. Wenn Franziskus am Palmsonntag sagt, dass Christus »das

Böse, den Schmutz, die Sünde der Welt, auch unsere Sünden, auf sich nimmt«, klingt die aufsehenerregende Formulierung von Kardinal Joseph Ratzinger an, mit der er beim Kreuzweg 2005 am Kolosseum (und später als Papst) den Schmutz in der Kirche beklagte. Wie Benedikt XVI. spricht auch Franziskus von den inneren Wüsten der Menschen, etwa in seiner ersten Osterbotschaft: »Wie viele Wüsten muss der Mensch auch heute durchqueren. Vor allem die Wüste in ihm selbst, wenn das Bewusstsein fehlt, Hüter all dessen zu sein, was der Schöpfer uns geschenkt hat und schenkt.« Und auch beim Thema Bewahrung der Schöpfung kann Franziskus an seinen Vorgänger anknüpfen. Benedikt XVI. hatte vor allem in den ersten Jahren seines Pontifikats immer wieder die Ökologie zum Thema gemacht. Vereinzelt wurde er in den Medien schon als der »grüne Papst« betitelt. Beide Päpste sind sich darüber hinaus einig, dass der Kirche in der gegenwärtigen Situation nicht mit dem Verändern einzelner Regeln geholfen ist, sondern dass sie wieder zu einer missionarischen Kirche werden muss, der es gelingt, das Christentum als eine positive Option für die Menschen erlebbar zu machen. Wenn es um die Frage nach der Umsetzung dieser Erkenntnis geht, sind die beiden Päpste allerdings sehr verschieden.

Wie schon beim Pontifikatswechsel 2005 wird auch beim Übergang von Benedikt XVI. zu Franziskus deutlich, dass jeder Papst von Anfang an seinen eigenen Weg geht. Eine Kopie des Vorgängers können und wollen sie nicht sein. Nach dem Theologenpapst Joseph Ratzinger folgt jetzt der Seelsorger und Organisierer Jorge Mario Bergoglio. Der zehrt auch vom reichen theologischen Erbe seines Vorgängers, das erst in einer längerfristigen Perspektive zur vollen Geltung kommen wird.

Ein Papst anderen Typs

Franziskus, die Kurie und
das Pontifikat

Mit Papst Franziskus vollzieht sich im Vatikan ein radikaler Stilwechsel. Was sich schon im »Raum der Tränen« und auf der Loggia andeutet, prägt das Pontifikat. Mit Franziskus hält Schlichtheit Einzug in den Vatikan. Er benutzt meist einen kleineren Thronsessel, trägt weiter sein silbernes Bischofskreuz und verzichtet auf die roten Papstschuhe. In Rom benutzt er statt der Mercedes-Limousine einen schlichteren Wagen. Er bleibt nach der Wahl zunächst in einer kleinen Suite im vatikanischen Gästehaus Santa Marta, statt in die päpstliche Wohnung im Apostolischen Palast zu ziehen. Bei der ersten Besichtigung des weitläufigen Appartements hoch über dem Petersplatz soll er ausgerufen haben: »Hier passen ja dreihundert Leute rein!« Dass Franziskus im Gästehaus Santa Marta bleibt, hat aber nicht nur mit Bescheidenheit zu tun. Er sei gewohnt, mit seinen Priestern zu leben, sagte er angeblich auf den Einwand eines seiner Protokollmitarbeiter. In Santa Marta trifft Franziskus »normale« Menschen – bei den Mahlzeiten im Speisesaal oder bei morgendlichen Gottesdiensten in der Hauskapelle. Zu den Messen lädt er mitunter Gärtner und Reinigungskräfte des Vatikans ein. Oft kniet er zu einem persönlichen Gebet neben seinen Angestellten in einer der hintersten Bankreihen. Sein Schritt, zunächst im Gästehaus Santa Marta zu bleiben, zeigt, dass er sich nicht vorschnell vatikanischen Gepflogenheiten unterordnet, sondern von Anfang an seinen eigenen Weg geht.

Wie schon als Erzbischof von Buenos Aires bewahrt sich Franziskus auch als Papst den Blick für die »Kleinen« und am

Rand Stehenden. Für Aufsehen sorgt seine Entscheidung, den Gottesdienst des Letzten Abendmahles Jesu am Gründonnerstag 2013 in einem römischen Jugendgefängnis zu feiern. Jorge Mario Bergoglio bleibt sich treu: Als Erzbischof von Buenos Aires zelebrierte er diese Messe stets in Krankenhäusern, Hospizen oder Gefängnissen. Im Gedenken an die Geste Jesu an seinen Jüngern wusch Bergoglio Inhaftierten, Kranken, HIV-Infizierten die Füße. Als Papst setzt er diese Tradition fort. In der Jugendvollzugsanstalt Casal del Marmo im Nordwesten Roms sitzen Straffällige beiderlei Geschlechts ein, Ausländer, Nichtkatholiken. So sind unter den zwölf Jugendlichen, denen Franziskus die Füße wäscht, auch junge Frauen und Muslime. Das sorgt vor allem in konservativen katholischen Kreisen für heftige Diskussionen. In einschlägigen traditionalistischen Internetforen gehen Kommentatoren sogar so weit, dem Papst die Rechtgläubigkeit abzusprechen.

Während Franziskus mit seinem neuen Stil Menschen außerhalb des Katholizismus begeistert und seiner Kirche bei vielen Außenstehenden ein positives Image verleiht, irritiert er nicht wenige eigene Gläubige. Er bricht traditionelle Positionsbestimmungen auf. Diejenigen, die sich in den letzten Jahren als rechtgläubig verstanden und dies mit einer engen Bindung an den Papst begründeten, sehen sich plötzlich mit einem Glaubenshüter konfrontiert, der Musliminnen die Füße wäscht oder sich von evangelikalen Pastoren segnen lässt. Umgekehrt trauen viele Katholiken, die Reformen der Kirche erhoffen, dem neuen Wind noch nicht: ein Papst, der sich anschickt, die Kirche zu erneuern, der als Erzbischof Laien förderte und der eine Entmystifizierung des Papstamts fortsetzt, die Benedikt XVI. mit seinem Rücktritt eingeläutet hat. Franziskus ist ein Papst anderen Typs, der sich nur schwer in die traditionellen Richtungskategorien einordnen lässt. So konnten ihn auch Kardinäle unterschiedlicher Lager und Erwartungen wählen.

Sie sahen in ihm den richtigen Mann, um die Kurie zu reformieren sowie das Verhältnis zwischen Ortskirchen und römischer Zentrale neu auszubalancieren. Beide Themen wurden im Vorkonklave kontrovers diskutiert. Forderungen wurden laut, das Prinzip der Kollegialität zu stärken. Hintergrund waren schlechte Erfahrungen mit Koordination und Abstimmung in der Kurie. Leiter verschiedener vatikanischer Behörden klagten, sie hätten überhaupt keinen Zugang zum Papst oder müssten zum Teil Monate auf eine Audienz warten. Das Staatssekretariat zog immer mehr Kompetenzen an sich und beschnitt die übrigen Dikasterien in ihren Vollmachten.

Über das Ob und Wie einer grundlegenden Kurienreform hielt sich Franziskus in seinen ersten Amtswochen bedeckt. Klar ist: Eine große Lösung braucht Zeit und gute Vorbereitung. Kleinere Verbesserungen könnte man hingegen schnell umsetzen. Eine bessere Zusammenarbeit der Behörden ließe sich durch regelmäßige Treffen ihrer Leiter erreichen, eine Art Kabinettssitzung, sowie durch eine engere Verzahnung auf Referentenebene. Auch die Einrichtung der sogenannten »Tabellaraudienzen«, der regelmäßigen Papstaudienzen für die Leiter der römischen Dikasterien, ließe sich schnell realisieren. Unter Benedikt XVI. hatten nur noch wenige Kurienchefs einen regelmäßigen Termin wie die Präfekten der Glaubenskongregation und der Bischofskongregation.

Doch die Frage bleibt, wie sich eine weltumspannende Organisation mit 1,2 Milliarden Mitgliedern effektiv leiten und zugleich der Anspruch des Papstes als Hirte der Gesamtkirche wahren lässt. Bei der Größe und Komplexität der Kirche braucht der Papst einen Beraterstab; aber er selbst kann sich schlecht auf eine bloße Richtlinienkompetenz beschränken, wenn er denn seine höchste, volle, unmittelbare und universale ordentliche Gewalt (so die Umschreibung des Kirchenrechts) behalten soll. Die Kurie könnte diese Beraterfunktion des Papstes übernehmen und hat dies in der Vergangenheit auch getan. Doch die Probleme im letzten Pontifikat und die Unzufriedenheit vieler Diözesanbischöfe angesichts eines ständig zunehmenden römischen Zentralismus haben gezeigt, dass Veränderungen notwendig sind.

Bereits vier Wochen nach seiner Wahl, Mitte April 2013, ernennt Papst Franziskus deshalb ein Gremium von acht Kardinälen, das ihn bei der Regierung der Kirche sowie der Vorbereitung einer Kurienreform beraten soll. Mitglieder sind Giuseppe Bertello (Regierungschef des Vatikanstaats), Sean Patrick O'Malley (Erzbischof von Boston), Francisco Javier Errázuriz Ossa (emeritierter Erzbischof von Santiago de Chile), Oswald Gracias (Erzbischof von Bombay), Laurent Monsengwo Pasinya (Erzbischof von Kinshasa), George Pell (Erzbischof von Sydney), Reinhard Marx (Erzbischof von München und Freising) und Oscar Rodriguez Maradiaga (Erzbischof von Tegucigalpa in Honduras). Letzterer fungiert als Koordinator der Gruppe. Auffallend ist, dass dieses Beratergremium sich mit Ausnahme Bertellos aus Diözesanbischöfen zusammensetzt. Papst Franziskus greift damit einen Vorschlag aus dem Vorkonklave auf. Es sind alle Kontinente vertreten, die einzelnen Berater wiederum über die kontinentalen Zusammenschlüsse der Bischofskonferenzen gut vernetzt. Kardinal Marx ist beispielsweise Präsident der Kommission der Bischofskonferenzen in der EU, Kardinal Gracias Präsident der Föderation der Bischofskonferenzen in Asien.

Innerhalb der katholischen Weltkirche wird sehr genau wahrgenommen, dass Franziskus seine Rolle als »Bischof von Rom«, der den »Vorsitz in der Liebe führt«, sehr stark betont. Dieses Verständnis hat Folgen für die innere Struktur. Franziskus scheint den Ortskirchen mehr Gewicht geben zu wollen. Ob sich die Machtverhältnisse auch wirklich zu deren Gunsten verschieben, wird sich erst langfristig zeigen. Es gibt ja bereits Beratungsinstrumente, in denen die Ortskirchen vertreten sind: die Bischofssynoden und die Konsistorien, die Treffen der Kardinäle. Nur hat der Vatikan bisher noch nicht die richtige Form gefunden, diese beiden Institutionen zu wirklichen Beratungsinstanzen des Papstes auszubauen. Franziskus ist jedenfalls offenbar bestrebt, sich im Sinne des Zweiten Vatikanischen Konzils stärker in die Gemeinschaft der Bischöfe einzubinden.

Mehr Kollegialität und mehr »Freiheit« für die Ortskirchen bedeuten allerdings auch, dass mehr Verantwortung auf die unteren Ebenen der katholischen Kirche zukommt. Die Bischofskonferenzen und Kirchenprovinzen erhalten eine wichtigere Rolle. Mehr Kollegialität kann nicht bedeuten, dass die Beziehung des einzelnen Bischofs zum Papst gestärkt wird. Bei rund 2800 Bistümern oder Teilkirchen ist das nicht möglich. Es müssen folglich die bestehenden Strukturen neu mit Leben gefüllt und ausgebaut werden. Damit lastet mehr Verantwortung auf den Bischofskonferenzen sowie regionalen und kontinentalen Zusammenschlüssen. Dies könnte zu einer neuen Diskussion über die Rechte und Pflichten der Bischofskonferenzen führen. Denn theologisch und kirchenrechtlich steht diese Institution auf wackligen Beinen. Beschlüsse der Bischofskonferenzen haben in der Regel keinen bindenden Charakter für die einzelnen Diözesanbischöfe. Zudem gibt es eine nicht geringe Zahl von Bischöfen, die nur sich selbst und dann den Papst sehen, die Instanzen dazwischen aber gerne übergehen. Auch diese Haltung hat den Zentralismus der vergangenen Jahre begünstigt. Mehr Verantwortung für die unteren Ebenen hat zur Folge, dass eine stärkere Inkulturation des katholischen Glaubens in den einzelnen Regionen oder auch Ländern möglich ist. Es würde dann zu einem neuen Austarieren zwischen Einheit und Vielfalt kommen. Erhalten die Ortskirchen mehr Gewicht, verändert sich auch die Rolle der Kurie. Diese wird mehr zu einer Institution im Dienste des Papstes und der Weltkirche.

Innerhalb der Kurie erwarten Franziskus neben den Strukturfragen noch andere Herausforderungen. An oberster Stelle steht das Thema Finanzen. Im Vorkonklave äußerten die Kardinäle deutlich ihren Unmut über anhaltend negative Schlagzeilen der Vatikanbank IOR und deren mangelnde

Transparenz. Selbst Kardinäle, die in Kontrollgremien sitzen, erhalten oft keinen ausreichenden Einblick in die Unterlagen. Der nigerianische Kardinal John Olorunfemi Onaiyekan machte im Vorkonklave mit der Äußerung »Der heilige Petrus hatte keine Bank!« seinem Ärger Luft. Mit seiner Position steht er nicht alleine da. Es gibt eine Reihe von Purpurträgern, die sich vorstellen könnten, dass der Heilige Stuhl sich von der Bank trennt.

So weit aber dürfte es nicht kommen. Denn viele sind wie der Brasilianer João Kardinal Braz de Aviz überzeugt, dass der Vatikan die Möglichkeit braucht, in Finanzfragen unabhängig operieren zu können. Die Frage ist also nicht, ob es eine solche Bank gibt, sondern vielmehr wie sie ihre Geschäfte führt und in welcher Rechtsform das Institut arbeitet. Zu den internen Diskussionen kommt der Druck von außen. Die Europäische Union und Italiens Zentralbank fordern die Einhaltung internationaler Standards zur Verhinderung von Geldwäsche und der Finanzierung von Terrorismus. In der Vergangenheit wurden einzelne Finanztransaktionen gestoppt. Das führte jeweils zu einer gewissen Medienaufmerksamkeit, trübte das Image des Vatikans und brachte Unannehmlichkeiten für Kunden des IOR. Papst Franziskus wird daher den Weg der Reinigung der Bank, den Benedikt XVI. eingeschlagen hatte, fortsetzen müssen. Für Franziskus wie für Benedikt XVI. gilt gleichermaßen, dass sie die ethischen Standards, die sie von Verantwortlichen in Politik und Wirtschaft einfordern, auch im Vatikan umsetzen wollen.

Das betrifft auch die Mitarbeiter der Kurie. Als Erzbischof und Kardinal kritisierte Bergoglio wiederholt Karrierismus in der Kirche. So tadelte er etwa bei der fünften CELAM-Konferenz in Aparecida Hirten, die sich vor allem um Prestigeposten bemühten, statt sich um die Sorgen der Menschen zu kümmern. Der Platz der Priester und Bischöfe ist für Franziskus an der Seite der Menschen. Deshalb wird er sich auch fragen lassen müssen, ob es im Vatikan so viele »Verwaltungs-Bischöfe« geben muss wie bisher. Nahezu alle

Leitungsposten sind mit dem Bischofsamt verbunden. Das ist theologisch nicht einfach zu begründen; ein Bischof ist normalerweise Hirt einer Herde und nicht Verwaltungsbeamter in einem römischen Dikasterium. Ähnlich stellt sich die Frage, ob es notwendig ist, dass ein großer Teil der Referentenposten im Vatikan mit Klerikern besetzt ist. Knapp 800 Priester arbeiten in der Kurie. Viele Aufgaben auf Referentenebene könnten von Laien, auch Frauen, übernommen werden.

Der Entscheidungsstil von Franziskus erinnert an Papst Johannes Paul II. Er spricht mit vielen, hört zu, macht sich Notizen und urteilt dann. Dies ist auch seiner jesuitischen Prägung geschuldet. Dort gibt es auf horizontaler Ebene Beratungen; doch die Entscheidungen werden nach den Prinzipien Gehorsam und Disziplin von den Oberen gefällt. Dabei ist Franziskus ein freier Geist. Er ist mit keiner Bewegung und keiner Seilschaft in irgendeiner Weise verbunden. Das macht ihn frei. Bergoglio hatte nie Berührungsängste gegenüber kirchlichen Bewegungen und Lobbygruppen. Er pflegt gute Beziehungen zum Opus Dei genauso wie zur römischen Gemeinschaft Sant'Egidio. Er geht seinen Weg, auch gegen Widerstände und bisweilen mit einer gewissen Hartnäckigkeit, die manchem dickköpfig erscheinen mag.

Sicher kommt ihm als Papst jetzt zugute, dass er bereits beim Konklave 2005 einer der Favoriten war. So manches Mal wird er sich in der Amtszeit Benedikts XVI. gefragt haben, wie er in bestimmten Situationen entschieden hätte, wäre er damals gewählt worden. Damit ging Franziskus vielleicht besser vorbereitet in das neue Amt, als man gemeinhin dachte. Seine Aufgaben nimmt er mit Bedacht und strukturiert in Angriff.

Vor der Wahl Jorge Mario Bergoglios zum Papst wirkte die Kirche für viele unbeweglich, wenig innovativ. Diese Lethargie scheint jetzt überwunden. Kardinal Walter Kasper spricht von frischer, gereinigter Luft in der Kirche. Das betrifft nicht nur die Kurie, sondern auch die Kirche allgemein, besonders in Europa. In Lateinamerika hat sich der katholische Glaube eine Lebendigkeit, Frische und Kreativität erhalten, von der sich die Kardinäle im Konklave und im Anschluss daran auch viele Gläubige Impulse für die anderen Kontinente erhoffen, allen voran Europa. Mit Bergoglio, so die Erwartung, bleiben Begriffe wie Barmherzigkeit, Armut und Vergebung nicht mehr nur biblische Begriffe, sondern sie bekommen ein reales Gesicht, werden erfahrbar. Mit Papst Franziskus soll eine Rückbesinnung gelingen auf die Quellen und Anfänge des Christentums, auf eine radikale Christusnachfolge und ein authentisches Lebenszeugnis. »Die Inkohärenz der Gläubigen und der Hirten zwischen dem, was sie sagen, und dem, was sie tun, untergräbt die Glaubwürdigkeit der Kirche«, sagt Franziskus.

Er ist sich bewusst, dass das ein hoher Anspruch ist. Dem Scheitern des Menschen begegnet er mit der Botschaft der Barmherzigkeit Gottes. Das erfordert eine Haltung der Gläubigen und der Kirche, die den Menschen in den Mittelpunkt stellt, ihn nicht verurteilt, sondern ihm hilft in seiner konkreten Lebenssituation. Dabei sind für Franziskus auch unorthodoxe Wege kein Problem, sie dürfen nur die Freiheit des Anderen nicht außer Acht lassen. Wenn es am Ende dazu dient, Menschen ein Leben in Würde zu ermöglichen, gleich welcher Religion, Nationalität und sozialer Herkunft, dann sieht der Papst darin den Auftrag Jesu erfüllt: »Was ihr für einen meiner geringsten Brüder getan habt, das habt ihr mir getan.« (Mt 25,40) Diese Stelle aus dem Matthäusevangelium zitiert Bergoglio immer wieder. Für ihn ist »Menschendienst« zugleich »Gottesdienst«. Alles Handeln muss sich dieser Haltung unterordnen. Damit eckt er an innerhalb und außerhalb seiner Kirche. Doch Bergoglio ist niemand, der vor Konfrontation zurückschreckt. Wenn er als Papst Franziskus einen neuen Stil pflegt, neue Strukturen schafft, dann nicht um des Stils und der Strukturen willen, sondern weil es der Verkündigung des Evangeliums in Wort und Tat dienen soll.

Ein Jesuit auf dem Stuhl Petri, der sich Franziskus nennt.

Das ist eine Provokation, ein Versprechen und zugleich aber auch ein hoher Anspruch. Radikale Christusnachfolge in der Spur des heiligen Franz von Assisi bedeutet die Neuausrichtung des Handelns jedes Einzelnen und der Kirche als ganzer an den Maßstäben des Evangeliums. Das verspricht spannende, aber sicher auch unruhige Zeiten für die katholische Kirche und weit darüber hinaus.

Eindrücke deutschsprachiger Konklave-Kardinäle

Franziskus – ein Name, der ein Programm bedeutet

Walter Kardinal Kasper
Emeritierter Präsident des Päpstlichen Rats
zur Förderung der Einheit der Christen

Das Konklave, das zur Wahl von Papst Franziskus führte, stand von allem Anfang an unter einem anderen Stern als das Konklave acht Jahre zuvor, aus dem Papst Benedikt XVI. hervorging. Nach mehr als acht Jahrhunderten war es das erste Mal, dass ein Papst aus freien Stücken zurücktrat, und auch der Rücktritt von Papst Coelestin V. im Jahr 1294 ist nur sehr bedingt mit dem von Benedikt XVI. vergleichbar. Deswegen war wohl allen am Konklave beteiligten Kardinälen bewusst, dass es dieses Mal bei aller selbstverständlichen Kontinuität um einen Neuanfang ging.

Beim Tod von Johannes Paul II. standen wir unter dem Eindruck eines langen und auch eines großen Pontifikats von nicht nur kirchengeschichtlichem, sondern weltgeschichtlichem Ausmaß; darum setzte das damalige Konklave auf Kontinuität und geistliche Vertiefung. In dieser Hinsicht hat das Pontifikat Benedikts XVI. ein reiches theologisches und geistliches Erbe hinterlassen, das wohl erst in Zukunft seine volle Würdigung finden wird. Doch nun zeigten sich vor allem in Europa beunruhigende Zeichen der Krise und der Ermüdung; im Süden der Erdkugel dagegen ist die Kirche trotz Situationen der Verfolgung und Unterdrückung wie der materiellen Armut am Wachsen; sie zeigt sich jung und lebendig.

Fast drei Viertel aller Katholiken leben dort. So legte es sich bei diesem Konklave fast von selbst nahe, etwas über das müde gewordene Europa hinauszublicken.

In den Gesprächen über die Situation der Kirche und der römischen Kurie waren die meisten Kardinäle überzeugt, dass frischer Wind nötig ist. Die inzwischen veröffentlichte Intervention von Kardinal Jorge Bergoglio, in der er für eine nicht um sich selbst kreisende, sondern für eine prophetisch offene, den Menschen nahe Kirche plädierte, hinterließ einen tiefen Eindruck. Ich selber war ihm in Buenos Aires mehrfach begegnet und wusste um seinen apostolisch einfachen Lebensstil, seinen engagierten Einsatz für die Armen ebenso wie um sein gutes ökumenisches Verhältnis zu den evangelischen und orthodoxen Christen wie zur jüdischen Gemeinde in Argentinien.

Das tiefere Anliegen des neu gewählten Papstes wurde schlagartig bewusst, als er sich überraschend den Namen Franziskus zulegte. Jedem war sofort klar: Franziskus ist nicht nur ein Name, Franziskus ist ein Programm. Franziskus soll ja in San Damiano bei Assisi die Stimme gehört haben: »Bau mir meine Kirche wieder auf!« Ähnlich wird von einem Traum des Papstes Innozenz III. berichtet, in dem er einen einfachen Mönch sah, der mit seiner Schulter die Lateranbasilika vor dem drohenden Einsturz bewahrte. Der Name Franziskus steht also für Erneuerung der Kirche in einer Situation der inneren Krise.

Franziskus von Assisi steht für Frieden und Dialog mit den Religionen sowie für Achtung vor der Schöpfung. In erster Linie steht der Poverello von Assisi für eine in der Nachfolge Jesu arme Kirche, die sich die Seligpreisungen der Bergpredigt für die Armen zu eigen macht. Schon das II. Vatikanische Konzil hatte sich dieses Programm der Erneuerung vorgenommen (Kirchenkonstitution 8,3) und konsequent auf weltliche Privilegien verzichtet (Pastoralkonstitution 76). Wenige Wochen vor dem Ende des Konzils verpflichtete sich eine Gruppe von 40 Konzilsvätern im sogenannten Katakombenpakt zu evangelischer Armut. Doch als Benedikt XVI. bei seinem Deutschlandbesuch im September 2011 von Entweltlichung sprach, stieß er bei uns auf taube Ohren. Papst Franziskus macht das Gemeinte nun einfach vor und leistet damit vom ersten Tag seines Pontifikats an seinen Beitrag zur Konzilsinterpretation.

Er geht noch einen Schritt weiter und fasst alles mit dem biblischen Schlüsselbegriff der Barmherzigkeit zusammen. Barmherzigkeit bzw. misericordia drückt das spezifisch biblische Gottesverständnis aus und sagt: Gott hat ein erbarmendes Herz besonders für die Armen. In diesem Sinn spricht Jesus vom barmherzigen Vater, der auf uns wartet und bei dem jeder, der zur Umkehr bereit ist, eine Chance hat. Zu solcher Barmherzigkeit lädt er auch uns ein. Dabei begnügt er sich nicht mit etwas Mitleid und Mitgefühl; er will, wie das Gleichnis vom barmherzigen Samariter zeigt, die beherzte konkrete Tat.

Solche Barmherzigkeit kann anecken. Sie geht jedoch weit über den Einsatz für eine gerechte Sozialordnung hinaus. Die Gerechtigkeit ist das Mindestmaß, die Barmherzigkeit das Übermaß; oft öffnet sie erst die Augen, die Hände und die Herzen für konkrete Notsituationen. Die Armen sind nicht nur die physisch Armen, die nichts zum Essen, nichts zum Anziehen und kein Dach über dem Kopf haben; es gibt auch die kulturell Armen, die keinen Zugang zu Bildung und Ausbildung haben; es gibt die Kontaktarmen, die Marginalisierten und Isolierten; es gibt die geistlich Armen, die innerlich leer und ausgebrannt sind, die keine Orientierung haben, keinen Sinn für ihr Leben und keine Freude am Leben finden. Zu Recht kennt die christliche Tradition neben den leiblichen auch die geistlichen Werke der Barmherzigkeit.

Was Papst Franziskus vorlegt, ist kein liberales, sondern ein im besten Sinn radikales, ein bis auf die Wurzel des Evangeliums zurückgehendes Programm einer armen und zugleich barmherzigen Kirche. Es bedeutet nicht: Man kann und muss für alles Verständnis haben und alles akzeptieren.

Barmherzigkeit ist das Gegenteil von schwächlicher Anpassung; sie ist christliche Identität und steht zu ihr. Nur so kann sie eine Welt, die in der Krise ist, durch einen Strahl des Lichts und der Wärme erneuern. Man darf gespannt sein, wie Papst Franziskus dieses faszinierende Programm konkret umsetzen wird.

Lassen wir ihn nicht allein

Karl Kardinal Lehmann
Bischof von Mainz

Das Kardinalskollegium mit seinen 115 Wählern hat innerhalb kurzer Zeit nach dem Rücktritt von Benedikt XVI. einen Nachfolger gefunden. In weniger als 14 Tagen nach dem Wirksamwerden des Rücktrittes konnten wir Papst Franziskus als Nachfolger Petri begrüßen. Wenn man an die Vielfalt unserer Weltkirche und an die vielen Zerrissenheiten unserer Welt denkt, die sich immer wieder auch in der Kirche bemerkbar machen, so ist diese Einigkeit, zu der ja eine Zweidrittelmehrheit notwendig ist, keineswegs selbstverständlich. Nicht wenige haben ein langes Konklave angekündigt, und dies vor allem wegen der angeblichen Zerstrittenheit des Kardinalskollegiums. Umso dankbarer sind wir, dass die Wähler nach den rund einwöchigen Beratungen in den sogenannten Generalkongregationen, in denen die Situation der Kirche überall zur Sprache kam (es wurden aber keine Namen genannt), bereits im fünften Wahlgang zu einem so hohen Einvernehmen kamen.

Vielleicht darf man nochmals auf die Wahl selbst verweisen, die seit bald 800 Jahren gewiss mit vielen Wandlungen urdemokratische Verfahren ausgebildet hat und sehr streng auf ihre Einhaltung achtet, aber dennoch nicht als eine politische Schlacht um Mehrheiten verstanden werden darf. Die ganze Kirche betet für eine gute Wahl. Der große Gottesdienst in St. Peter eröffnet die Wahl im engeren Sinne. Man zieht in die ehrwürdige Sixtinische Kapelle unter dem Gesang des »Veni Creator Spiritus« ein, legt einen Eid ab auf die Geheimhaltung und Unabhängigkeit des Wahlvorgangs, hört eine mahnende Meditation zur Bedeutung der Wahl. Das Gewicht der je eigenen Stimme, die man zum Altar trägt und in eine große Urne legt, wird durch eine knappe Erklärung erkennbar, die jeder spricht: »Ich rufe Christus, der mein Richter sein wird, zum Zeugen an, dass ich den gewählt habe, von dem ich glaube, dass er nach Gottes Willen gewählt werden sollte.« Diese Worte werden unmittelbar vor dem großen Gerichtsgemälde auf den Fresken Michelangelos gesprochen, womit die Verantwortung und Rechenschaft, die jeder spürt, für alle erkennbar werden.

Papst Franziskus ist durch und durch Seelsorger. Er hat ein starkes Fundament dafür in seinem tiefen persönlichen Glauben. Dieser wurzelt von Kind auf im religiösen Leben seiner Familie. Er erfuhr in seinem eigenen Leben viele Orte einer Bewährung dieses Glaubens. Aber dieser Glaube war nie weltflüchtig. 1973 wird er mit nur 36 Jahren Ordensoberer der Jesuiten in Argentinien. Der noch junge Provinzial konnte nicht ahnen, dass ihm bald eine sehr schwierige Zeit seines Lebens bevorstehen sollte. Diese Zeit hat ihn auch bis nach der Wahl verfolgt. Es ist eines der schwärzesten Kapitel Argentiniens, die Zeit der Militärdiktatur (1976-1983). Es gab viele Geistliche, die sich unter Einsatz ihres Lebens für Regimegegner einsetzten. Manche traten besonders in den Elendsvierteln für die Rechte der Armen ein. 20 Priester fanden dabei den Tod. Papst Franziskus wurde über die Wahl hinaus vorgeworfen, er habe eine zu große Nähe zu den regierenden Generälen gehabt und habe sich nicht genügend vor seine Glaubensbrüder gestellt. Dabei wird oft nicht genügend beachtet, dass Pater Bergoglio damals ja nicht als Bischof oder gar Kardinal die Kirchenpolitik bestimmte, sondern dass er als Provinzial vor allem die Personen seiner

Ordensgemeinschaft und auch andere Menschen schützen musste und wollte. Der Papst hat damals gewiss mit hohem Einsatz eine mittlere Linie einzuhalten versucht zwischen der konkreten Rettung einzelner Menschen, besonders auch aus dem Orden, und eines Kontaktes mit den Machthabern. Er weiß, dass es mutigere Mitbrüder gab, aber er hat auch nicht wenige gerettet. Im Wissen um diese schwierige Zwiespältigkeit, in die hier jeder kommt – man denke nur an die NS-Zeit bei uns –, hat er im Oktober 2012 ein Schuldbekenntnis abgelegt und das Schweigen mancher Verantwortlicher und Formen der Kollaboration bedauert. Es bleiben gewiss Fragen, wie sie in solchen Situationen unvermeidlich sind. Aber es besteht auch kein Zweifel, dass viele Vorwürfe aus einer polemischen Grundkonstellation gegen die Kirche formuliert worden sind, auch gegen Kardinal Bergoglio. Wir werden gewiss in der nächsten Zeit hier noch manches über die Geschehnisse von damals und ihre Aufarbeitung erfahren. Jedenfalls weiß der Papst um die reale Gefahr der Verwicklung in solche Zusammenhänge und kennt die Spirale der Gewalt.

Der Papst ist bei aller Offenheit und Kommunikationsbereitschaft ein stiller Mann. Er sucht nicht aufgeregt einen Gesprächspartner nach dem anderen auf. Er hält sich eher zurück. Er ruht – so hat man den Eindruck – sehr in sich, aber nicht im Sinne einer esoterischen Weltvergessenheit und Selbstverliebtheit. Denn wenn er auf jemanden zugeht oder andere ihm begegnen, ist er sofort wach. Wenn manche ihn als scheu bezeichnen, darf man nicht das Interesse und die Sensibilität für andere Menschen übersehen, die ihn still prägen. Er macht kein Aufheben von sich. Gegenüber der Kirchenpolitik und auch theologischen Strömungen zeigt Bergoglio sich zurückhaltend. Wenn er auch kein unmittelbarer Vertreter der Theologie der Befreiung ist, so eint ihn doch eine tiefe Verbundenheit mit dem grundlegenden biblischen und spirituellen Impuls des lateinamerikanischen Aufbruchs nach dem II. Vatikanischen Konzil, der wirklich zu einer ganz neuen Zuwendung zu den Armen dieses Kontinentes führte und bis heute vorbildlich ist. Er steht übrigens der verwandten, aber doch eigenständigen »Theologie des Volkes« z. B. von Lucio Gera, seinem Lehrer, näher; ihn ließ er 2012 in der Kathedrale von Buenos Aires bestatten. Die Ausarbeitung einer reflektierten »Theologie der Befreiung«, etwa von Gustavo Gutiérrez (Lima 1971, deutsch 1973), ist ein späterer Schritt. Man darf die Positionen bei aller Ähnlichkeit nicht vermischen. Aber dies darf nicht Bergoglios tiefes Engagement für die Armen und Bedrängten dieser Welt verdecken, wie wir dies bei ihm täglich beobachten können. Sein Name ist Programm, wie er es selbst kurz nach der Wahl auch erklärte. »Franz von Assisi. Er ist für mich der Mann der Armut, der Mann des Friedens, der Mann, der die Schöpfung liebt und bewahrt. Gegenwärtig haben auch wir eine nicht sehr gute Beziehung zur Schöpfung, oder? Er ist der Mann, der uns diesen Geist des Friedens gibt, der Mann der Armut.«

Die Wähler dieses Papstes haben diesen seinen Geist geahnt und wollten einen solchen Papst. Sein Profil konnte gut erkannt werden in der beeindruckenden Ansprache, die er während der Generalkongregation vor der Wahl hielt. Vielleicht ist damit auch erklärt, warum die 115 wählenden Kardinäle sich erstaunlich rasch für den Erzbischof von Buenos Aires und den ersten Jesuiten der Papstgeschichte entschieden haben. Vielleicht darf ich nur noch ein kleines ergänzendes Wort hinzufügen. In den offiziellen Beratungen und besonders auch in den privaten Gesprächen spielte in diesem Konklave nach meiner Erfahrung die Überlegung, ob man auch einen Nichteuropäer wählen könnte, überhaupt keine Rolle. Dies bedeutete wohl auch einen Unterschied zu 2005. Hier mussten die Nichteuropäer immer noch um eine gewisse ebenbürtige Anerkennung ringen. Im März 2013 war dies überhaupt kein Thema, und dies trotz der wachsenden Pluralität auch in der Kirche. Dies war für mich eine der tiefsten Erfahrungen des Konklaves 2013. Es war auch ein Grund, in der Gemeinschaft des christlichen Glaubens aus tiefstem Herzen für die gelebte Katholizität in unserer Kirche dankbar zu sein. – Dies gilt nicht nur bei der Papstwahl und in den enthusiastischen Tagen danach, sondern auch morgen im Alltag und besonders in seinen Niederungen. Papst Franziskus weiß gerade auch im Blick auf den Poverello von Assisi sehr wohl um das Kreuz in der Welt und in jedem Leben. Lassen wir ihn nicht allein!

RÖMISCHER AUFBRUCH

Reinhard Kardinal Marx
Erzbischof von München und Freising

Im Rückblick auf die drei Wochen, die ich zur Verabschiedung und Neuwahl des Papstes in Rom war, steigen viele verschiedene Bilder in mir auf: der Abschied von Benedikt XVI., mit dem wir gerade in Bayern doch sehr verbunden waren und bleiben; dann die intensiven Tage des Vorkonklaves, in denen wirklich offen über die Fragen gesprochen wurde, die uns in der Kirche zurzeit bewegen; schließlich die dichte Atmosphäre des Konklaves mit der raschen Wahl von Papst Franziskus. Es waren Tage intensiver Kirchen-Erfahrung, die mich im Glauben gestärkt haben. Für mich war deutlich erkennbar: Der Herr bleibt bei seiner Kirche, der Heilige Geist wirkt, wie er will, auch durch unsere menschlichen Schwächen und Unzulänglichkeiten hindurch.

Besonders beeindruckt bin ich von dem hohen weltweiten medialen Interesse. Gibt es eine andere Wahl, die global tagelang eine solche Aufmerksamkeit erfährt? Wie viele Gläubige haben in diesen Tagen das Geschehen nicht nur in den Medien verfolgt, sondern auch um einen guten Nachfolger des heiligen Petrus gebetet! Es war wirklich das erfahrbar, was ich schon vor dem Konklave auf die kurze Formulierung gebracht habe: Das Volk Gottes betet, die Kardinäle wählen, Gott entscheidet! Das bedeutet nun für die ganze Kirche, diesen neuen Papst aus ganzem Herzen anzunehmen als den uns von Gott geschenkten Nachfolger des heiligen Petrus.

Der Papst ist zunächst Bischof von Rom. Das hat Papst Franziskus in seinen ersten Äußerungen sehr betont. Aus diesem Amt ergeben sich dann alle anderen Aufgaben des Papstes, vor allem der Dienst an der Einheit der ganzen Kirche. Der Papst ist weltweit das Gesicht der katholischen Kirche, wenn auch natürlich die Kirche nicht einfach identisch ist mit dem Papst. Aber in einer weltumspannenden Gemeinschaft ist der Papst nicht nur »primus inter pares«, sondern vor allem eine wichtige Orientierungs- und Identifikationsfigur der Gläubigen. Das Erste und das Zweite Vatikanische Konzil haben das Papstamt deutlich und klar beschrieben in seiner außerordentlichen Bedeutung für das Leben der ganzen Kirche. Hinzu kommt ein weiterer wichtiger Aspekt: Der Papst steht nicht über der Kirche, sondern mitten in ihr. Er kann nur wirken mit allen zusammen, besonders mit dem Kollegium der Bischöfe. Auch das hat Papst Franziskus durch die Betonung des Bischofsamtes unterstrichen. Man spürt, die Kollegialität der Bischöfe ist ihm wichtig. Und so habe ich ihn auch in den Begegnungen erlebt.

Kardinal Bergoglio war ein aufmerksamer und interessierter Zuhörer während des Vorkonklaves und hat sich selbst in einem – für mich damals schon – auffällig klaren, geistlich und theologisch tiefgehenden Beitrag geäußert. Viele haben unmittelbar gemerkt: das war eine starke Stellungnahme!

Als er seinen Papstnamen nannte, war klar, dass darin eine starke Herausforderung steckt – für uns alle ebenso wie für ihn selbst. Seine ersten Worte und Entscheidungen stehen konsequent in dieser Linie, und es ist zu erkennen, dass hier weitere Schritte und Zeichen folgen werden. Die ersten Tage und Wochen zeigen, dass Papst Franziskus keine Angst hat, dass er entschlussfreudig und überzeugend ist. Ich verrate kein Geheimnis, wenn ich sage, dass diese Haltungen sicher von der Mehrheit der Kardinäle und von vielen Gläubigen erwünscht waren. Papst Franziskus will die Kirche erneuern und ihr helfen, das Zentrum neu in den Blick zu nehmen: Jesus Christus. Deshalb ist für ihn die Evangelisierung so bedeutsam. Die Kontinuität zum Pontifikat Benedikts XVI. ist klar erkennbar. Evangelisierung ist kein Event, keine Kampagne für kurze Zeit, sondern ein Aufbruch der ganzen Kirche, das Evangelium zu lernen und zu leben. Denn nur so geht Evangelisierung: durch unser Zeugnis, durch die Einheit von Wort und Tat, wie es in unüberbietbarer Weise Jesus selbst gelebt hat.

Jesus beginnt seine öffentliche Rede in seiner Heimatstadt Nazareth mit einem Wort des Propheten Jesaja: »Er hat mich gesandt, damit ich den Armen das Evangelium verkünde.« (Lk 4,18) In diese Nachfolge stellt sich Papst Franziskus mit seinem Leben und seiner Verkündigung. Der Blick auf die Armen ist für die Kirche zwar keineswegs neu, aber es ist sehr belebend, dass Papst Franziskus diesen Aspekt jetzt in den Mittelpunkt stellt. Zu kurz gegriffen wäre die Interpretation, es gehe vor allem um ein sozial-karitatives Programm. Nein, es geht um den grundsätzlichen Auftrag an die Kirche, die ganze Welt in die Evangelisierung einzubeziehen, und deshalb muss sie, wie es Papst Franziskus gesagt hat, bis an die Peripherie des Lebens gehen, weil das der Weg Gottes in Jesus Christus ist. Jesus, der Gottessohn, ging sogar in das Reich des Todes und der Sünde, um alle und alles an sich zu ziehen. Jesus »hielt nicht daran fest, wie Gott zu sein« (Phil 2,6). Der Auftrag Jesu ist, der ganzen Schöpfung das Evangelium zu verkünden. Das ist Auftrag aller Getauften. Evangelisierung richtet sich an alle Menschen, denn die Frohe Botschaft ist kein »Besitz« der Kirche, sondern ein Dienst an den Menschen. An die Peripherie zu gehen bedeutet von der griechischen Wortbedeutung ausgehend: sich umdrehen, herumtragen.

Das knüpft vielleicht an das an, was Kardinal Bergoglio vor dem Konklave in der Generalkongregation mahnend gesagt hat: »Die egozentrische Kirche beansprucht Jesus für sich drinnen und lässt ihn nicht nach außen treten.« Papst Franziskus sensibilisiert neu dafür, dass die Kirche vor allem nicht die aus dem Blick verlieren darf, die arm sind an Leib und Seele. Eine Blindheit der Kirche für die Armen würde bedeuten, auf halber Strecke stehen zu bleiben und die Universalität des Evangeliums zu verkürzen. Denn Gott will nach seinem Schöpfungsplan das Heil und die Fülle des Lebens für alle Menschen, und die Botschaft Jesu ist, dass das Reich Gottes schon jetzt angebrochen ist. Deshalb betont der Papst, dass wir bis zur äußersten Grenze menschlichen Leids und menschlicher Schuld gehen müssen, sonst sehen wir nicht die ganze Herausforderung und Großartigkeit des Evangeliums und erfüllen nicht den Grundauftrag der Kirche, nämlich die Frohe Botschaft zu verkünden.

Was das für die pastorale Praxis in unseren Bistümern, Pfarreien, Orden und geistlichen Gemeinschaften bedeutet, werden wir gemeinsam Schritt für Schritt erkunden müssen. Da reichen keine kurzatmigen Schlagworte. Im Dienst der Evangelisierung sind wir alle gemeinsam gefordert und können die Verantwortung nicht wegschieben.

Ich empfinde diesen Impuls von Papst Franziskus als eine theologische und pastorale Frage an uns alle. Denn wie sollen Erlösung und Befreiung im Glauben erfahren werden, gerade auch durch die sakramentalen Begegnungen, wenn wir eigentlich selbstzufrieden sagen: »Ich habe doch alles, wozu sollte ich erlöst werden? Brauche ich Sündenvergebung? Befreiung? Wozu?« Im Bann des Narzissmus, der das Glück in der Konzentration auf das eigene Ich verspricht, sind Sündenvergebung oder ewiges Leben nicht mehr von existenzieller Bedeutung. Dass diese Gefahr nicht nur dem Einzelnen begegnen kann, sondern auch der Gemeinschaft der Kirche, hat Papst Franziskus als eine Herausforderung unserer Zeit benannt. Die Haltung des Narzissmus verschließt, wir aber müssen die Sehnsucht nach dem barmherzigen Gott behalten und in vielen Fällen neu lernen, in gewisser Weise also neu hungern und dürsten nach einem Leben, das über uns selbst hinausgeht.

Papst Franziskus weist uns in der Nachfolge Jesu auf die Armen hin, auch um unser soziales und politisches Engagement neu in Bewegung zu bringen. Hier kommt eine Grundüberzeugung christlichen Glaubens zum Tragen, die sich auch in der katholischen Soziallehre zeigt: Spiritualität und Weltverantwortung gehören zusammen. Weder kann es einen Rückzug nach innen geben noch eine Flucht nach außen. Die Glaubwürdigkeit kirchlichen Lebens bemisst sich letztlich an der Nachfolge Jesu, der auf der Seite der Armen steht. Das biblische Zeugnis verdeutlicht, dass wir nicht über die Armen reden und für sie handeln sollen, denn sie sind keine Objekte, sondern Subjekte kirchlichen Handelns. Das entspricht auch den Grundgedanken der Soziallehre der Kirche. Aber nicht immer haben wir das im Blick. Das will ich durchaus auch selbstkritisch anmerken, etwa bezüglich der Tagung zur Diakonie, die wir 2012 im Rahmen des Gesprächsprozesses der Deutschen Bischofskonferenz veranstaltet haben. An dieser Tagung haben wir über Caritas und Diakonie gesprochen, über die Armen, Schwachen und Hilfsbedürftigen, aber nicht mit ihnen.

Für Papst Franziskus ist die Evangelisierung der Daseinsgrund der Kirche, zu dem Jesus selbst antreibt. Gegen die Gefahr des kirchlichen und theologischen Narzissmus, der Selbstverliebtheit und Selbstgenügsamkeit setzt er das Signal einer Kirche, die aus sich selbst herausgeht. Damit setzt er einen neuen Akzent für den Weg der Kirche in unserer Zeit.

Papst Franziskus

Rainer Maria Kardinal Woelki
Erzbischof von Berlin

Für mich ist Papst Franziskus ein Geschenk Gottes, das ich froh und dankbar annehme. Er hat es verstanden, bereits in seinen ersten Zeichen und Gesten deutlich zu machen, wie er sein Amt als Dienst versteht. So hat er im »Raum der Tränen« nur die schlichte weiße Soutane angezogen, auf andere äußere Zeichen wie etwa die Mozzetta hat er verzichtet. In dieser beeindruckenden Einfachheit und Schlichtheit ist er vor uns Kardinäle getreten. Diese Haltung hat Franziskus in seinen Worten fortgesetzt. Er hat keinen Zweifel daran gelassen, dass ihm das höfische Zeremoniell fremd ist, ja fremd sein muss, so wie er in Buenos Aires gelebt und sein Bischofsamt ausgeübt hat: immer im direkten Kontakt mit den Menschen, ohne Dienstwagen und Vorzimmer. Ich habe den Eindruck, dass er manches davon auch beibehalten will. Es würde mich nicht wundern, wenn er auch in die Kurie einen anderen Stil hineinbringen will. In seiner ersten Begegnung mit jedem Einzelnen von uns habe ich ihn als brüderlich empfunden, wie einen Bruder unter Brüdern, das hat mich mit am meisten beeindruckt. Ich kann mir sehr gut vorstellen, dass sich dieses Verhältnis auch auf das Verhältnis der Ortskirchen zu Rom auswirken könnte.

Das Konklave selbst, aber auch die Tage der Vorbereitung, habe ich als geistlich, aber auch »geist-reich« empfunden. Ich bin fest davon überzeugt, dass uns der Heilige Geist geleitet und begleitet hat in allen Beratungen und Begegnungen und dann natürlich im Konklave selbst. Trotzdem war ich nicht frei von Anspannung. Was mir fest in Erinnerung bleiben wird, ist der feierliche Einzug in die Sixtinische Kapelle. Wir beten die Allerheiligen-Litanei und gehen dem »wiederkehrenden Christus« von Michelangelo entgegen. Und im Angesicht dieses wiederkehrenden Christus habe ich den Eid abgelegt auf das Evangelium: Man verspricht unter der Anrufung Christi als Zeugen in dieser Stunde, dass man nur demjenigen die Stimme geben wird, den man jetzt in dieser Stunde für den Besten und Geeignetsten hält. In diesem Moment ist mir die große Verantwortung bewusst geworden, die auf mir lastet. Da bekam ich schon etwas weiche Knie und feuchte Hände.

Natürlich ist Franziskus ein anderer Papst als sein Vorgänger, jeder wird – bei aller Kontinuität – das Amt anders ausüben. Denn Gott legt die Sorge für seine Kirche in unsere Hände, in menschliche Hände. Und so kann man an einem neuen Papst sehen, wie lebendig die katholische Kirche ist. Sie ist kein monolithischer Block von ununterscheidbaren Technokraten, in ihr sind viele verschiedene Charismen und unterschiedliche Begabungen lebendig. Papst Benedikt XVI. ist es in einem großen Pontifikat gelungen, durch seine Worte und seinen Intellekt die Schönheit des Glaubens zum Ausdruck zu bringen und ihn vor der Vernunft zu vertreten. Während es bei ihm stärker um das Verhältnis von Glaube und Vernunft ging, könnte ich mir vorstellen, dass Franziskus mehr nach Glauben und Gerechtigkeit fragen wird. Diese Fragen werden auch wir uns im »reichen Europa« aus der Perspektive der armen Kirche Lateinamerikas stellen lassen müssen. Wir Europäer müssen uns mit einem Papst aus Lateinamerika an der Spitze auch davor hüten, das, was uns beschäftigt, automatisch als die Themen der Weltkirche zu begreifen.

In diesem Sinne finde ich es auch zeichenhaft, dass zum ersten Mal ein Jesuit Papst geworden ist. Es ist der Jesuitenorden gewesen, der nach der Reformation in besonderer Weise die Beschlüsse des Reformkonzils von Trient umgesetzt hat. Dass jetzt, nach einer Zeit der Krise, durch die die Kirche in den vergangenen Monaten und Jahren gegangen ist, ein Jesuit Papst wird, das könnte auch als ein Zeichen der Fügung und der Führung des Geistes Gottes gedeutet werden; und zwar dahingehend, dass Gott der Kirche mit einem Jesuiten einen neuen Papst schenkt als ein Zeichen für eine Erneuerung. So wie sie damals im 16. Jahrhundert der katholischen Kirche geschenkt worden ist.

Bedeutsam ist auch, dass der neue Papst den Namen Franziskus gewählt hat. Für mich bedeutet das, dass der Papst versuchen wird, wie Franz von Assisi das Evangelium wörtlich zu nehmen. Der Heilige sagte ja damals, ich brauche keine Regel, sondern das Evangelium ist mir Regel. Das droht oft in Vergessenheit zu geraten. Wir haben das Buch der Heiligen Schrift irgendwo in einem Bücherregal stehen, und manchmal verstaubt es dort, obwohl es eine ganz konkrete Handlungsanweisung für den Lebensalltag ist. Das hat Franz von Assisi versucht, und diesem Anspruch stellt sich auch der jetzige Franziskus auf dem Stuhl Petri. Der Name Franziskus steht für eine Reform der Kirche aus dem Geist des Evangeliums.

Dass Franziskus bereits 76 Jahre alt ist, sehe ich nicht als Problem an. Ich kenne viele junge Leute, die ziemlich alt sind in ihrem Kopf und in ihrem Denken und vieles eher in der Vergangenheit verankert wissen wollen als in der Gegenwart. Ich habe Franziskus als einen Mann kennengelernt, der fest mit beiden Beinen in dieser Zeit steht und nach vorne hin ausgerichtet ist. Er ist jung geblieben in seinem Kopf und in seinem Denken. Ich traue es ihm zu, dass er der Kirche einen neuen Schwung und auch eine neue Glaubwürdigkeit mitgeben wird.

GENIAL UND KATHOLISCH

Paul Josef Kardinal Cordes
Emeritierter Präsident des Päpstlichen Rats Cor Unum

Die Internationalen Jugendtage sind inzwischen fraglos ein fester Faktor kirchlicher Jugendpastoral. Doch starteten sie nicht ohne beträchtliche Widerstände. Als Johannes Paul II. unsere Anregung aufgegriffen hatte, das »Außerordentliche Heilige Jahr« 1983/84 auch für ein internationales Treffen der Jugend der Welt zu nutzen, schickten wir vom »Rat für die Laien« die Einladungen an den Episkopat der Welt. Einige Bischöfe reagierten mit Unverständnis: »Das steht den Römern nicht zu, unsere Jugendlichen zu organisieren!« Auch manche Jugendverbände wehrten ab: »Wir haben unser eigenes Programm.« In Deutschland zeigte lediglich die »Schönstatt-Bewegung« Interesse. Und als der Papst nach der überschäumenden Begeisterung zum Palmsonntag die Wiederholung solcher Treffen anregte, formierte sich später eine weitere kleine Gruppe: Der Nachfolger des Petrus hatte etwas in ihnen entzündet, und die Gruppe wollte ihre Freude am Evangelium an andere weitergeben. Darum wurde sie vor allem in Deutschland ein echter Schrittmacher, der Jugendliche für die Teilnahme an Weltjugendtagen gewann. Ihr Name: »Jugend 2000«.

Bei dem großen Treffen im Heiligen Jahr 2000 war ich zu einer Katechese mit Beichtgelegenheit eingeteilt, die diese Gemeinschaft in der Pfarrei San Giuseppe, an der Via Tiburtina, zu organisieren hatte. Ich trat zur Vorbereitung mit den Verantwortlichen in Kontakt. Dass ihre Mitglieder ihren Glauben sehr ernsthaft praktizierten und regelmäßig zu den Sakramenten gingen, wusste ich. So sagte ich beiläufig, vielleicht brauchten wir für den vorgesehenen Wortgottesdienst keine Beichte anzusetzen; es war nämlich nicht ganz leicht, in Rom deutschsprachige Beichtväter zu finden. Sie hingegen: »Das wäre nicht gut! Wir werden mit allerlei Jugendlichen von den ›Hecken und Zäunen‹ kommen. Gerade sie aber sollten das Sakrament der Versöhnung wiederentdecken.« In der Tat kamen Beichtwillige dann in recht großer Zahl, und wir fünf Priester standen mehr als zwei Stunden für die Spendung der Einzelbeichte zur Verfügung. Warum diese Erinnerung an »Jugend 2000« heute? Weil sie bei der letzten Papstwahl spektakulär wieder ans Licht trat.

Der feierliche Schwur schon zu Beginn der General-Kongregationen, »alles streng geheim zu halten, was sich in irgendeiner Weise auf die Wahl des Papstes bezieht«, untersagt natürlich alle Mitteilungen über diese Zusammenkünfte. Nur die »Briefings« von Pater Lombardi geben spärliche Hinweise, dass die behandelten Themen das Erwartungsgemäße betrafen. Eine Nachricht fiel allerdings aus dem Rahmen. Lombardi berichtete von einer Meldung während der Generalkongregation: Die »Jugend 2000 Deutschland« böte im Internet den Gläubigen die Möglichkeit an, einen Kardinal zu »adoptieren« und ihn vor und während des Konklaves betend zu begleiten; unter Angabe des eigenen Namens und der E-Mail-Adresse könne man sich einklinken und erhielte im Zufallsverfahren einen der 115 Wahlmänner.

Wer das hörte, mochte seinen Ohren nicht trauen: eine Anteilnahme am Konklave, die sich nicht einfügte in alles, was bislang darüber in Umlauf war. Alle, die sich bislang für dieses Konklave sonst zu Wort meldeten, bewegten generell Eigeninteresse oder Gruppenwünsche: Hier engagierten sich Italiener oder Amerikaner für einen Landsmann. Dort erschien die Kirche zu unbeweglich in Dingen des Glaubens und der Moral, und man erhoffte sich jemanden »mit Verständnis für den Menschen«. Andere sahen im Vatikanum II die Quelle für Kirchenverfall und erhofften sich jemanden mit präkonziliarem Geist. War nicht dringend ein Papst nötig, der die Kurie reformierte oder die Jugend in die Kirche zurückbrächte? In England schließlich wurden zu den möglichen Kandidaten Wetten abgeschlossen.

Und nun diese Initiative (Einzelheiten in »Die Tagespost«

vom 9. März 2013)! Sie ist wie von einer anderen Welt. Glaube hat sie geweckt. Fraglos werden die Kirche und ihr Dienst von Menschen geprägt. Doch Christus ist der Stifter und Herr. Er will sie, er will sie gut, und er ist ihr allmächtiger Garant. Warum nicht auf ihn setzen, wenn die Wahl eines Nachfolgers Petri ansteht? Und zwar ohne mit einem praktischen »Anliegen« oder mit einer Lobby zu liebäugeln.

Es dürfte kaum überraschen, dass die Initiatoren mitten in der verweltlichten Kirche offenbar eine Marktlücke gefunden haben. Auch wenn das Konzept von jungen Leuten aus Deutschland stammt: es erwies sich als genuin katholisch. Kaum ein Land der Erde blieb unbeteiligt. Noch wichtiger: Wie zu den »Jugendtagen« nutzte die »Jugend 2000« ein kirchliches Großereignis, um Gott ins Spiel zu bringen, und trat eine Lawine los. Die jedoch hinterlässt den geweihten Hirten und ihren Unternehmensberatern eine Frage: Vertraut unsere Pastoral vor allem auf weltliche Mittel und vergisst, dass ER die tiefste Sehnsucht im Herzen der Gläubigen ist?

Die Aktion »Adopt a Cardinal« endete mit 552 385 Adoptionen.

Mit den jungen Leuten stimmt Papst Franziskus selbst überein, wenn sie für ihr Apostolat ein bedeutendes Kirchengeschehen auf den Glauben hin durchsichtig machen und missionarisch bei ihm anknüpfen. Bei seinem ersten Empfang der Medienvertreter (16. März 2013) wies er darauf hin, kirchliche Ereignisse entsprächen einer Logik, die nicht allein weltlichen Kategorien zugehöre. Die Kirche sei gewiss eine menschliche, geschichtliche Institution; doch sie habe »eine wesentlich geistliche Natur: Sie ist das Volk Gottes, das heilige Volk Gottes, das unterwegs ist zur Begegnung mit Jesus Christus.« Nur in dieser Perspektive würde Kirche verständlich.

»Adopt a Cardinal« hat den Fingerzeig des Papstes neu bewusst gemacht.

Notwendige evangelische Reform der Kirche

Kurt Kardinal Koch
Präsident des Päpstlichen Rats zur Förderung
der Einheit der Christen

Mit dem II. Vatikanischen Konzil ist die katholische Kirche zum ersten Mal in greifbarer Weise als Weltkirche in Erscheinung getreten. Seither hat sich ihr Schwergewicht immer stärker in den Süden der Welt verlagert, wo die Mehrheit der Katholiken lebt. Es entspricht dieser geschichtlichen Entwicklung und der heutigen Situation, wenn mit Kardinal Jorge Mario Bergoglio zum ersten Mal nicht ein Europäer, sondern ein Erzbischof aus Lateinamerika zum Bischof von Rom und damit zum Papst der universalen Kirche gewählt worden ist.

Durch diese Wahl dürften sich in der katholischen Kirche die Schwerpunkte verlagern. Mit Papst Franziskus, der zwar italienische Wurzeln hat, aber aus Argentinien stammt, wird unmissverständlich vor Augen geführt, dass die katholische Kirche ihr Zentrum nicht mehr in Europa hat, das Christentum in diesem Kontinent sich vielmehr in einer stets prekärer werdenden Situation befindet. Denn es bewahrheitet sich immer stärker, was der deutsche Jesuitenpater Alfred Delp, der wegen seines Widerstandes gegen den nationalsozialistischen Terror hingerichtet worden ist, bereits während des Zweiten Weltkrieges diagnostiziert hat, dass wir nämlich in Europa Missionsland geworden seien und dass diese Erkenntnis mit vollem Ernst vollzogen werden müsse. In dieser Situation haben wir in der Kirche in Europa gewiss geistliche und evangelisatorische Vitaminspritzen nötig, die aus Lateinamerika als dem Kontinent der Hoffnung auf uns zukommen und durch Papst Franziskus in die ganze Weltkirche hineingebracht werden. Von ihm wird gewiss eine neue missionarische Initiative ausgehen, zumal er maßgeblich am Schlussdokument mitgearbeitet hat, das aus der fünften Generalkonferenz des

Episkopates von Lateinamerika und der Karibik hervorgegangen ist, die im brasilianischen Aparecida im Jahre 2007 zum Thema »Jünger und Missionare Jesu Christi, damit unsere Völker in ihm das Leben haben« stattgefunden hat. Wenn Kardinal Bergoglio dieses Schlussdokument unter besonderer Würdigung des missionarischen Engagements von Papst Paul VI. als »Evangelii nuntiandi« Lateinamerikas bezeichnet hat, dann darf man zuversichtlich davon ausgehen, dass Papst Franziskus auf der Grundlage der beeindruckenden Botschaft von Aparecida und der in ihrem Geist realisierten Kontinentalmission mit dem Ziel, eine persönliche Begegnung mit Christus zu ermöglichen, das Werk der mit und seit dem Konzil verwirklichten Neuen Evangelisierung engagiert weiterführen wird.

Von daher ist mit der Wahl eines lateinamerikanischen Kardinals zum Papst eine große Hoffnung auf neue Lebenskraft für die katholische Kirche verbunden. Dennoch ist Kardinal Bergoglio aus dem Konklave nicht in erster Linie wegen seiner nationalen oder kontinentalen Herkunft als Papst hervorgegangen, sondern wegen seiner Persönlichkeit, die bereits während der dem Konklave vorausgegangenen Generalkongregationen in der Synodenaula erfahrbar geworden ist. Es war deshalb gleichsam nur für den ersten Augenblick eine Überraschung, dass Kardinal Bergoglio den Namen Franziskus angenommen hat, und zwar, wie er gleich nach der Wahl in der Sixtinischen Kapelle erklärt hat, »in memoria di Francesco di Assisi«. Mit dieser Namenswahl, die erstmalig in der Kirchengeschichte ist, ist ein eigentliches Programm des bevorstehenden Pontifikates angezeigt. Dieser Name signalisiert in erster Linie, dass sich Papst Franziskus im Geist des großen Heiligen von Assisi in besonderer Weise für den Frieden und die Bewahrung der Schöpfung einsetzen und als Voraussetzung dafür seinen bescheidenen Lebensstil und seine demütige Amtspraxis fortsetzen will, die er bereits als Erzbischof von Buenos Aires gepflegt hat und die auch heute auf die Menschen eine große Ausstrahlungskraft haben.

Mit der Namenswahl ist freilich vor allem der Hinweis auf eine notwendige Erneuerung der Kirche aus der inneren Kernmitte des Glaubens gegeben.

Wie Franz von Assisi zu seiner Zeit in einer beunruhigenden und dramatischen Situation der Kirche gelebt hat, in der der Glaube weithin an der Oberfläche geblieben ist und deshalb das Leben nicht zu verwandeln vermochte, in der der Klerus sich nicht durch besonderen Eifer ausgezeichnet hat und in der vor allem durch das Erkalten der Liebe eine innere Zerstörung der Kirche stattgefunden hat, und wie sich der heilige Franz in dieser Situation berufen wusste, die Kirche neu aufzubauen, so steht auch Papst Franziskus vor der großen Herausforderung einer inneren Erneuerung der Kirche, nachdem in den vergangenen Jahren so viel Schmutz an die Oberfläche geschwemmt worden ist. Und wie Franz von Assisi bei der Reform der Kirche bei sich selbst begonnen hat, indem er sein Leben nach den evangelischen Räten gestaltet hat, so geht auch Papst Franziskus selbst mit dem guten Beispiel voran, indem er mit seinem Leben bezeugt, worauf es in der Kirche ankommt, dass sie nicht selbstgenügsam um sich selbst kreist, sondern das Evangelium in die Mitte stellt und es zu den Menschen trägt.

Mit der Erneuerung der Kirche im Licht des Evangeliums steht Papst Franziskus in einer grundlegenden Kontinuität mit Papst Benedikt XVI., der ein sehr evangelisches Pontifikat gelebt hat, indem er versucht hat, mit dem Wort Gottes und seiner Verkündigung die Kirche zu leiten.

Sein großes Erbe, das vor allem im Primat der Gottesfrage, in der Christuszentralität im Leben der Kirche, in der Ermutigung zu einer neuen Evangelisierung und in der Zumutung der Entweltlichung der Kirche als notwendiger Voraussetzung besteht, liegt auch Papst Franziskus am Herzen. Er wird auf dem Fundament dieses Erbes weiterbauen, freilich mit neuen Akzenten und gewiss in der ihm ureigenen Art und Weise. Dass die Päpste in derselben Verantwortung stehen, sie aber in ganz persönlicher Weise wahrnehmen, ohne den Vorgänger imitieren zu wollen: diese Schönheit der katholischen Kirche ist mit dem zurückliegenden Pontifikatswechsel in neuer Weise erfahrbar geworden. Damit ist ein guter Anfang gemacht, mit dem wir denn auch etwas Gutes anfangen wollen.

Anhang

Lebenslauf

17. Dezember 1936	Jorge Mario Bergoglio wird als Sohn von José Mario Francisco Bergoglio und seiner Frau Regina Maria Sivori in Buenos Aires geboren
1956	Diplom als Chemietechniker
1956	Eintritt ins Priesterseminar des Erzbistums Buenos Aires
11. März 1958	Eintritt in den Jesuitenorden
1960	Studium der Geisteswissenschaften in Chile und Philosophie in Buenos Aires
1964–1965	Dozent für Literatur und Psychologie am Colegio de la Immaculada Concepción von Santa Fe
1966	Dozent für Literatur und Psychologie am Colegio San Salvador in Buenos Aires
1967–1970	Studium der Theologie am Colegio Máximo San José von San Miguel
13. Dezember 1969	Priesterweihe
22. April 1973	Ablegung der Letzten Gelübde
1973–1980	Provinzial der Jesuiten in Argentinien
1980–1986	Rektor des Colegio Máximo San José von San Miguel
1986	Mehrmonatiger Studienaufenthalt in Deutschland

1986–1992	Spiritual für das Colegio El Salvador in Córdoba
20. Mai 1992	Ernennung zum Weihbischof von Buenos Aires (Weihe: 27.6.)
3. Juni 1997	Ernennung zum Koadjutor-Erzbischof mit Recht auf Nachfolge
28. Februar 1998	Tod von Kardinal Quarracino, Jorge Mario Bergoglio wird Erzbischof von Buenos Aires
2001	Ernennung zum Kardinal durch Papst Johannes Paul II.
8. November 2005	Wahl zum Vorsitzenden der Argentinischen Bischofskonferenz
2007	Vorsitzender der Redaktions-kommission des Schlussdokuments der fünften CELAM-Generalver-sammlung in Aparecida
11. November 2008	2. Amtszeit als Vorsitzender der Bischofskonferenz
13. März 2013	Wahl zum Papst

LITERATURHINWEISE

Zur weiterführenden Lektüre ist hier eine kleine Auswahl zentraler Bücher und Texte über bzw. von Kardinal Jorge Mario Bergoglio zusammengetragen, die auch mit als Grundlage für das vorliegende Buch gedient haben.

Bergoglio, Jorge / Skorka, Abraham: Sobre el cielo y la tierra. Random House Mondadori. Buenos Aires 2010. Auf Deutsch: Über Himmel und Erde. Riemann-Verlag. München 2013

Bergoglio, Jorge Mario: Dios en la ciudad. Edizione San Paolo. Buenos Aires 2013

Deutsche Bischofskonferenz (Hg.): Aparecida 2007. Schlussdokument der V. Generalversammlung des Episkopats von Lateinamerika und der Karibik. (Stimmen der Weltkirche Nr. 41) Bonn 2007

Kasper, Walter Kardinal: Barmherzigkeit. Grundbegriffe des Evangeliums – Schlüssel christlichen Lebens. Herder Verlag. Freiburg 2012

Rubin, Sergio / Ambrogetti, Francesca: El Jesuita. Conversaciones con el cardenal Jorge Bergoglio. Javier Vergara Editor. Buenos Aires 2010. Auf Deutsch: Mein Leben, mein Weg. Herder Verlag. Freiburg 2013

Valente, Gianni: Francesco. Un Papa dalla fine del mondo. Editrice Missionaria Italiana. Bologna 2013. (Enthält die Interviews der Zeitschrift »30Tage« mit Kardinal J.M. Bergoglio)

Informationen im Internet

www.blog.zdf.de/papstgefluester
Blog der ZDF-Redaktion Kirche und Leben kath.

www.papst.zdf.de
ZDF-Seite zu Papst und Vatikan

www.vatican.va
Internetseite des Vatikans

www.radiovaticana.de
Radio Vatikan, deutschsprachiges Programm

www.news.va
Informationsportal des Vatikans

www.thetablet.co.uk
The Tablet (Großbritannien)

www.ncronline.org
National Catholic Reporter (USA)

www.la-croix.com
La Croix (Frankreich)

www.vaticaninsider.lastampa.it
Informationen verschiedener Vatikanexperten (Italien)

www.zenit.org
Kirchliche Nachrichten aus Rom

www.ucanews.com
Kirchliche Nachrichten aus Asien

Bildnachweis

Seite 1   picture alliance / dpa,
Seite 2   oben: picture alliance / AP Photo
           unten: picture alliance / dpa
Seite 3   oben: picture alliance / dpa
           unten: picture alliance / AP Photo
Seite 4   oben: picture alliance / AP Photo
           unten: picture alliance / AP Photo
Seite 5   picture alliance / AP Photo
Seite 6   oben: picture alliance / AP Photo
           unten: picture alliance / abaca
Seite 7   oben: picture alliance / AP Photo
           unten: picture alliance / abaca
Seite 8   picture alliance / AP Photo